초보 골퍼 골프 코스 공략하기

초보 골퍼 골프 코스 공략하기

초판 1쇄 인쇄 2001년 11월 20일
개정판 1쇄 발행 2021년 11월 20일

지은이 박영진
지은이 이용훈
펴낸이 양동현
펴낸곳 아카데미북
　　　　출판등록 제43-193호
　　　주소 02832, 서울 성북구 동소문로13가길 27
　　　　전화 02) 927-2345 팩스 02) 927-3199

ISBN 978-89-98209-12-4 / 17690

＊잘못 만들어진 책은 구입한 곳에서 바꾸어 드립니다.
＊이 책은 『실전에 강해지는 골프 교실』 개정판입니다.

www.iacademybook.com

초보 골퍼 골프 코스 공략하기

박영진 글 이용훈 그림

골프아카데미

머리말

많은 주말골퍼들이 한결같이 하소연하는 것이 있다. '아무리 연습장에서 공을 들여 지식과 기술을 익혀도, 연습장만 나서면 다 잊혀진다고.' 더구나 필드에 나서면 왜 그렇게 열심히 배운 것이 전혀 생각나지 않는지 답답하다기 짝이 없다고 한다. 왜 그럴까?

그 이유는, 샷의 원리를 이해하지 않고, '이럴 땐 이렇게, 저럴 땐 저렇게' 하고 단답형 암기를 했기 때문이다. 원리를 알면 변화무쌍한 코스에 맞추어 샷을 응용할 수 있지만, 원리를 모르면 하루에도 아침저녁으로 달라지는 코스 환경에 당황하여 실수를 하게 된다. 심지어 한 골프장을 여러 번 가도 환경은 매번 다르게 느껴진다.

이 책은, 주말골퍼가 자주 접하는 어려움에 초점을 맞추어, 샷의 문제점과 이유 그리고 문제를 해결하는 방법을 단계적으로 설명하고자 했다. 지금까지 해 왔던 암기식 레슨의 단점을 보완하고, 생각하는 골프를 통해 완전한 기술을 습득할 수 있도록 주말골퍼의 입장에서 꾸몄다. 특히 주말골퍼들이 필드에 나갔을 때 마주하는, 크고 작은 문제적 상황에 대처하는 방법을 중심으로 다루었다. 바꿔 말하면 '코스를 공략에 반드시 필요한 전략과 전술'이라고 할 수 있다.

부디 각자 자신에게 맞는 스윙 방법을 익혀서 코스 공략 전략과 전술까지 터득하여 주말골퍼들의 꿈인 싱글 진입을 하루 빨리 이루기 바란다.

저자

목 차

머리말 _ 4

1장 코스에서는 전략이 필수다

홀 구조에 맞는 공격 전략을 세워라 _ 16
그린 왼쪽에 벙커가 있을 때 티샷 방향은? _ 18
슬라이스 구질은 오른쪽에서 페어웨이 왼쪽을 겨냥 _ 20
어프로치샷에서 그린 오른쪽에 벙커와 홀컵이 있다 _ 23
피치 샷을 할 때는 그린에 올려라 _ 26
맞바람이 불 때의 티샷 _ 28
뒷바람이 불 때 _ 29
바람이 불 때의 샷 _ 30
겨울철 필드에서는 볼을 녹여라 _ 32
이른 봄의 그린은 변화무쌍하다 _ 34
심호흡도 훌륭한 전략이다 _ 36
체형에 따른 스윙 전략
키가 큰 골퍼의 스윙 전략 _ 38
키가 작은 골퍼의 스윙 전략 _ 40
몸이 마른 골퍼의 스윙 전략 _ 43
뚱뚱한 골퍼의 스윙 전략 _ 46

여성 골퍼의 스윙 전략
어드레스 시 볼과 몸과의 간격 _ 48
백스윙 시 왼팔을 펴 준다 _ 50
그립은 클럽이 손에서 빠지지 않을 정도로 잡는다 _ 52
왼발뒤꿈치는 반드시 바닥에 붙인다 _ 54
클럽의 선택과 점검
그린의 중앙을 겨냥하는 클럽을 선택한다 _ 56
그린 뒤쪽의 숲은 거리를 짧아 보이게 한다 _ 58
그린 주변에서 퍼팅과 칩샷을 구분하는 법 _ 60
클럽 페이스를 반드시 닦자 _ 62

2장 이것만 고치면 당신도 싱글

왼손의 V자가 왼쪽 어깨를 향하면 슬라이스가 난다 _ 66
어깨는 수평이 아니다 _ 68
머리 고정이 좋은 것만은 아니다 _ 70
백스윙은 무조건 천천히 _ 75
아웃사이드 인 스윙의 교정법 _ 78
정리1. 슬라이스가 나는 원인과 그 대책 _ 82
정리2. 페이드볼을 치는 방법 _ 94
정리3. 훅이 나는 원인과 그 대책 _ 98
정리4. 드로 볼을 치는 방법 _ 102
일정한 톱의 위치를 만드는 방법 _ 106
오버 스윙을 교정하는 법 _ 109
백스윙 시 왼쪽 어깨는 턱 밑으로 와야 한다 _ 112
왼쪽 어깨가 턱에 닿을 때가 바로 백스윙 톱 _ 115

코킹은 엄지손가락 방향으로 한다 _ 116
백스윙 시 오른쪽 다리를 펴면 유연성을 잃는다 _ 119
스웨이가 고쳐지지 않을 때 _ 122
백스윙 시 오른쪽 발바닥은 바닥에 고정한다 _ 124
허리는 돌리는 것이다 _ 126
다운스윙 시 오른쪽 겨드랑이를 붙인다 _ 128
다운스윙 시 양 무릎을 굽혀 준다 _ 130
다운스윙 시 왼쪽 무릎을 어드레스 때로 돌아가라 _ 132
볼의 뒷면을 보라 _ 134
볼은 반대 방향으로 날아간다 _ 136
팔로 스루가 작다면 손목에 문제가 있다 _ 138
팔로 스루 시 오른쪽 다리는 과감하게 구부린다 _ 140
연습장에서의 샷은 실전이다 _ 143
클럽 헤드의 최고 속도는 임팩트 바로 다음 _ 144
주말골퍼들의 밋밋한 팔로 스루 _ 147
머리를 일찍 들수록 볼품없는 팔로 스루가 된다 _ 149
헤드업을 고치는 효과적인 연습법 _ 150
타깃 라인과 평행으로 서기 _ 151

3장 첫 홀 공략법

첫 홀 첫 티샷이 그날의 게임을 좌우한다 _ 154
드라이버 샷의 기본은 타깃 라인과 평행하게 서는 것 _ 156
페어웨이가 좁을수록 긍정적으로 생각한다 _ 158
드로 볼과 페이드볼을 구사하라 _ 160
드라이브 스윙의 핵심 _ 163

티 마커보다는 그린을 향해 티샷을 하라 _ 166
정리5. 티 마커와 라인 _ 168
페어웨이가 좁을 때는 티를 낮춰라 _ 170
페어웨이가 기울어져 있을 때 _ 172
비가 온 뒤 코스가 젖은 경우의 티샷 _ 174
10야드 더 날릴 수 있는 법 _ 176
내게 맞는 볼 고르기 _ 178
파 3홀에서는 핀의 위치에 따라 클럽을 달리한다 _ 179
경사진 파 3홀에서의 티샷 _ 180

4장 페어웨이 샷의 핵심

롱 아이언 샷의 스윙 과정 _ 182
롱 아이언으로 볼의 밑부분을 치기 힘들 때는 _ 184
롱 아이언과 친해지는 법 _ 186
페어웨이 우드 샷의 핵심 _ 188
맞바람이 불 때는 3번 우드를 사용한다 _ 190

5장 웨지 샷의 핵심

웨지 샷은 컨트롤 샷이다 _ 194
웨지 샷은 테이크 백에서 이미 결정된다 _ 195
백스핀 만들기 _ 198
벙커를 지나 그린에서 바로 볼이 멈추게 하는 법 _ 202
구르는 볼과 멈추는 볼은 스윙 방법이 다르다 _ 205

백스핀을 걸려면 임팩트 시 손목을 움직이지 않는다 _ 206
벙커를 넘어 그린에서 바로 멈추는 볼을 치는 법 _ 208
거리가 짧은 주말골퍼들의 웨지 샷 _ 210
짧은 웨지 샷을 극복할 수 있는 비법 _ 212
30야드 거리에서 다운 블로 샷이 안 되는 주말골퍼 _ 214
포대 그린 앞에서의 웨지 샷 _ 216
웨지 샷에서도 팔로 스루는 완전하게 해야 한다 _ 218

6장 칩샷의 핵심

칩샷은 퍼팅하는 마음으로 _ 220
칩샷에서 퍼 올리는 스윙은 자살 행위다 _ 221
다리는 오픈해도 양어깨는 목표를 향해야 _ 224
핸드 퍼스트 자세를 유지해야 _ 226
칩샷이 일정하지 않을 때 _ 228
칩샷은 팔만 사용해야 _ 230
풀이 무성한 곳에서의 칩샷 _ 231
러프에서의 칩샷은 코킹을 이용해야 _ 232
그린 언저리에서의 칩샷은 볼을 굴리는 전략으로 _ 234
칩샷 한 볼이 오른쪽으로 가면 핸디가 많다는 뜻 _ 236

7장 벙커 샷의 핵심

벙커 샷의 어드레스 _ 240
볼 앞 3~5cm 지점을 쳐야 _ 241

볼은 왼발뒤꿈치선상에 둔다 _ 242
그린 주변 벙커에서는 클럽은 약간 짧게 잡는다 _ 244
볼을 띄우려면 볼을 내리쳐야 한다 _ 245
벙커를 탈출하자마자 바로 멈추게 하는 비법 _ 247
왼발이 내려가는 내리막 벙커에서의 샷 _ 248
왼발이 올라가는 오르막에서의 벙커 샷 _ 250
볼이 발보다 낮으면 하체를 고정하고 왼쪽을 겨냥하라 _ 251
볼이 발보다 높을 땐 목표 오른쪽을 겨냥하라 _ 253
후라이드 에그 _ 254
스탠스는 벙커 밖, 볼은 안 _ 256
스탠스는 벙커 안, 볼은 밖 _ 257
왼발은 벙커 턱, 오른발은 벙커 안 _ 258
60야드 벙커 샷에서는 피칭웨지를 쓴다 _ 259
60야드 벙커 샷은 클린 히트해야 한다 _ 260
벙커 샷은 거리에 관계 없이 항상 일정하게 스윙하라 _ 262
장마철 벙커 탈출법 _ 263
겨울철과 같은 딱딱한 모래 _ 264

8장 러프에서의 샷

잔디가 긴 러프에서는 코킹을 이용한 V자 스윙을 _ 268
클럽 헤드 속도는 잔디를 잘라 낼 정도로 _ 269
볼을 평소보다 오른쪽에 두는 이유 _ 270
윽! 훅이다!! _ 272
가장 맞히기 어려운, 풀잎에 뜬 볼 _ 274
러프 상태에 따라 탈출 방법이 다르다 _ 277

키가 작은 러프에서는 한 단계 높은 아이언을 쓴다 _ 278

9장 트러블 샷의 핵심

트러블 샷에서 긴장은 최대의 적 _ 282
트러블 샷에서는 마음을 비워라 _ 284
디보트에서의 샷은 벙커 샷과 비슷하다 _ 286
오르막에서는 평지보다 한 단계 긴 클럽을 사용하라 _ 288
볼이 발보다 낮은 라이에서는 목표 왼쪽을 겨냥하라 _ 291
내리막에서의 샷 _ 294
러프와 페어웨이 경계면에 볼이 있을 때 _ 296
물에 빠진 볼 _ 298
깊은 벙커의 둔덕에 놓인 볼 _ 300
아스팔트에서의 샷은 한 단계 짧은 클럽을 사용하라 _ 302
백스윙 시 나무에 걸리는 경우 _ 304
나무를 감싸 돌아가는 훅볼을 치자 _ 306
나무를 감싸 도는 슬라이스볼을 치자 _ 308
러프에서는 탈출만을 목표로 한다 _ 310

10장 퍼팅의 핵심

퍼팅 그린은 평평하지 않다 _ 314
왼쪽눈과 볼이 수직이 되도록 볼과 가까이 서라 _ 315
스윙 아크의 최저점 직후에 볼이 닿아야 _ 316
양팔은 오각형을 유지해야 _ 318

하체를 고정하자 _ 319
짧은 것보다는 긴 것이 낫다 _ 320
목표 방향 50cm 이내로 가상 목표를 _ 322
퍼터의 중심으로 볼의 중심을 쳐야 _ 323
퍼터 페이스는 항상 목표와 직각을 이루어야 _ 324
퍼팅 전에는 클럽 페이스를 닦아 줘야 _ 326
1미터 내외의 숏퍼팅은 귀로 들어라 _ 327
숏퍼팅에 문제가 있을 땐 그립을 점검한다 _ 328
자꾸 훅이 나오는 원인 _ 330
숏 퍼팅과 롱 퍼팅의 핵심 _ 332
숏 퍼팅과 롱 퍼팅에서의 그립 _ 333
롱 퍼팅에서의 볼의 거리 _ 334
10미터 이상의 롱 퍼팅에서의 팔로 스루 _ 335
롱 퍼팅에서의 거리 측정 _ 336
경사가 작을 땐 홀컵의 왼쪽과 오른쪽 끝을 겨냥하라 _ 337
바람이 불 때는 스탠스를 넓혀라 _ 338
내리막 경사면에서의 롱 퍼팅 _ 340
오르막 경사면에서의 퍼팅 _ 341
가장 어려운 내리막 훅 라인 _ 342
10미터가 넘는 훅 라인 _ 343
잔디 방향과 퍼팅 _ 344
그린 밖에서의 퍼팅 _ 346
효과적인 퍼팅 연습 _ 348

1장
코스에서는 전략이 필수다

홀 구조에 맞는 공격 전략을 세워라

티샷의 중요성을 모르는 골퍼는 없다. 그런데도 주말골퍼들은 드넓은 페어웨이에 나갔을 때 어이없는 실수를 한다. 그 이유는 홀을 공략하는 전략을 세우지 못하기 때문이다. 다음의 홀을 보자.

약간의 도그래그 홀에, 그린 주변에는 연못과 벙커가 있다. 당신은 ①번과 ②번 중 어느 곳으로 볼을 보낼 것인가?

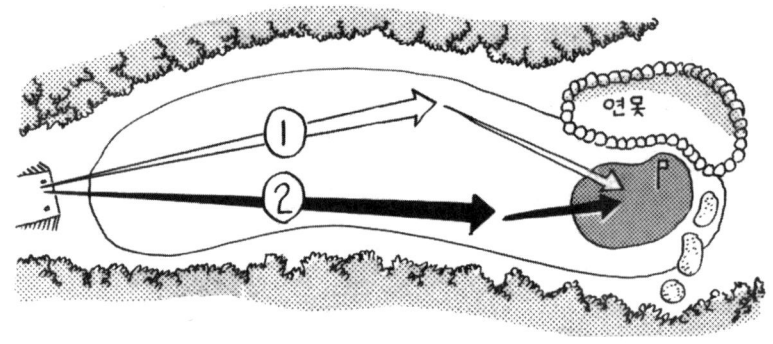

최단 거리인 ②번을 선택한다면 당신은 전략의 개념을 다시 생각해야 한다. 골프는 여러 번의 샷을 통해 볼을 홀컵에 넣는 게임이기 때문이다. 즉 티샷 후 세컨 샷까지 생각하는 것이 전략이다.

정답이 되는 ①번을 살펴 보자. ①번을 향해 볼을 날려서 페어웨이에 안착시키면, 세컨 샷은 당연히 그린을 향하게 된다. 이렇게 되면 시야에서 연못에 대한 부담감이 줄어들고 오직 홀만을 생각해서 어프로치가 가능해진다. 샷이 짧아도 그린의 앞쪽에 떨어지므로 홀 공략이 쉽다.

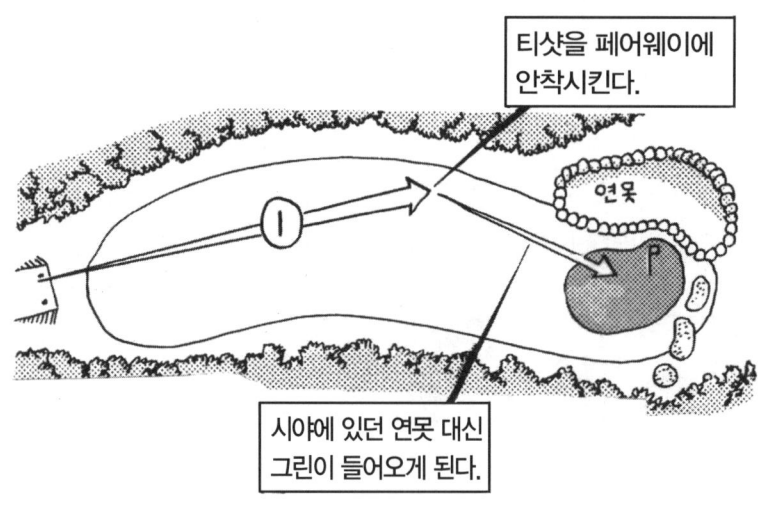

짧은 거리를 선택한 ②번을 보자. ② 지점에서 홀을 공략하려고 하면 뒤쪽의 연못이 눈에 들어와 홀컵보다도 더 신경 쓰게 된다. 게다가 페어웨이가 약간 경사져서 훅이라도 난다면 볼은 연못으로 빠질 것이다. 그렇게 되면 최소한 2타는 더 치게 될 것이고, 결국 최단의 길을 택한 것이 최악의 결과를 낳게 될 것이다. 따라서 티샷을 하기 전에 홀 전체를 보고 전략을 세우면 것은 프로나 아마추어에게나 중요한 일이다.

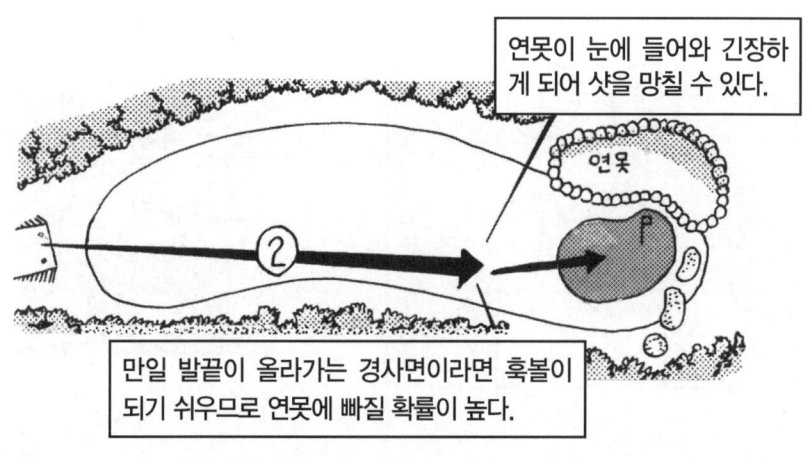

그린 왼쪽에 벙커가 있을 때 티샷 방향은?

파3홀에서, 그린 왼쪽에 벙커나 나무 등의 방해물이 있을 때는 그것을 피해 티샷을 해야 한다. 그렇다면 아래 홀에서 티샷은 ①번인 오른쪽에서 해야 할까, ②번인 왼쪽에서 해야 할까?

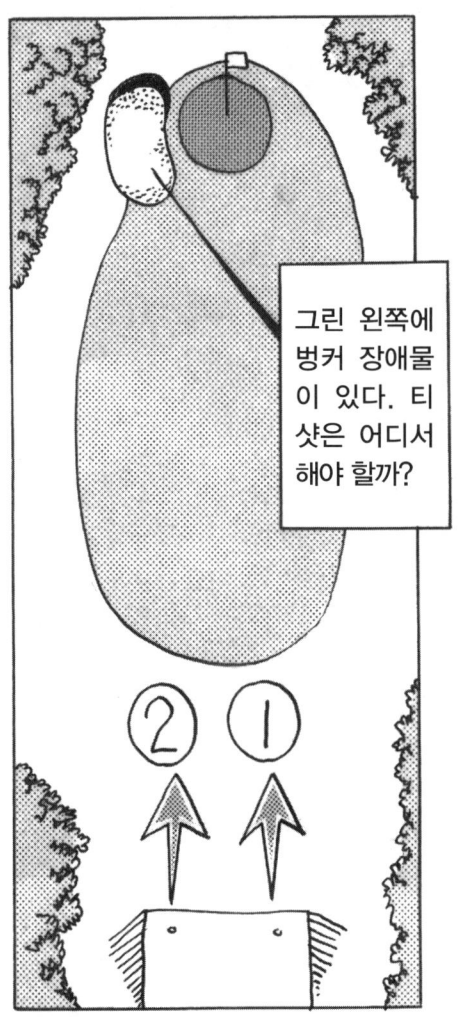

그린 왼쪽에 벙커 장애물이 있다. 티샷은 어디서 해야 할까?

1번과 2번, 어디서 해야 하지?

답은 왼쪽 ②번이다. 왼쪽에서 티샷을 하더라도 중앙의 홀컵을 향해 볼을 날리게 마련이므로, 볼은 중앙이나 오른쪽을 향해 날아간다. 오른쪽에는 위험 요소가 없으므로 그린 밖에 떨어져도 큰 위험이 없다. 티샷을 할 때는 전체적인 코스 공략을 위한 위치 선정이 매우 중요하다.

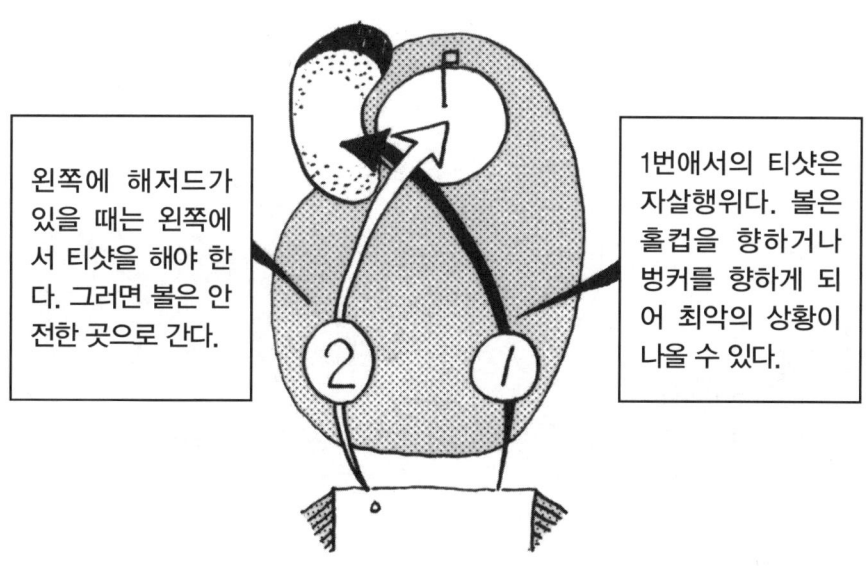

①번 오른쪽에서 티샷을 했다면 자살행위나 마찬가지다.
오른쪽에서 티업을 한 뒤 그린을 향해 티샷을 하게 되면 공은 어디로 갈까? 분명히 티샷할 때는 중앙의 홀컵을 향해 했을 것이다. 결국 볼은 중앙을 향하거나 왼쪽을 향해 날아가게 된다. 스윙의 정확성이 없는 주말골퍼라면 최악의 경우 벙커를 향해 직행할 수 있다.

슬라이스 구질은 오른쪽에서 페어웨이 왼쪽을 겨냥

코스에서 전략을 세우려면 자신의 구질이 슬라이스인지 훅인지 알아야 한다.

대부분 슬라이스가 두려워 왼쪽 끝에서 티샷을 하려고 한다. 왼쪽 끝에서 샷을 해야 오른쪽으로 휘는 만큼 오른쪽 러프에 덜 갈 것이라는 생각 때문이다. 그러나 결과는 정반대로 나타나 볼은 페어웨이 오른쪽으로 벗어나게 된다. 왼쪽 끝에서 페어웨이 중앙을 겨냥했기 때문이다.

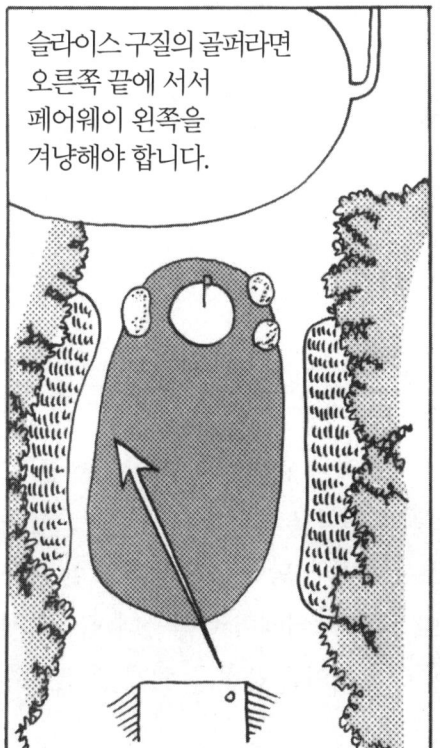

그렇다고 왼쪽 끝에서 페어웨이 왼쪽을 겨냥하자니 왼쪽 러프가 눈에 보여 결국은 중앙을 겨냥하게 되어 낭패를 보게 된다.

슬라이스 구질이라면 오른쪽 끝에서 페어웨이 왼쪽을 향해 샷을 하는 것이 훨씬 안전하다. 이렇게 되면 페어웨이 왼쪽을 겨냥해도 구질이 오른쪽으로 휘는 슬라이스이므로 왼쪽 러프에 대한 부담이 없어진다. 또한 볼은 왼쪽을 향해 날아가다가 오른쪽으로 휘어 페어웨이 한가운데 떨어지게 된다. 그러면 제2타에 대한 자신감이 생겨 게임을 즐길 수 있게 된다.

어프로치샷에서 그린 오른쪽에 벙커와 홀컵이 있다

그린 오른쪽에 벙커가 있고 그 근처에 홀컵이 있다는 것은 곧 그쪽을 향해 치라고 유혹하는 것이다. 만일 유혹에 빠져서 홀컵을 향해 볼을 날리면 대부분 보기 좋게 벙커에 빠진다. 이렇게 되면 그린을 설계한 사람에게 당하는 것이다. 이 같은 실수를 하지 않으려면 어떻게 해야 할까?
답은 간단하다. 유혹에 빠지지 않으면 된다. 즉 홀컵을 향해 치지 않고 그린의 중앙을 향해 공략하는 것이다.

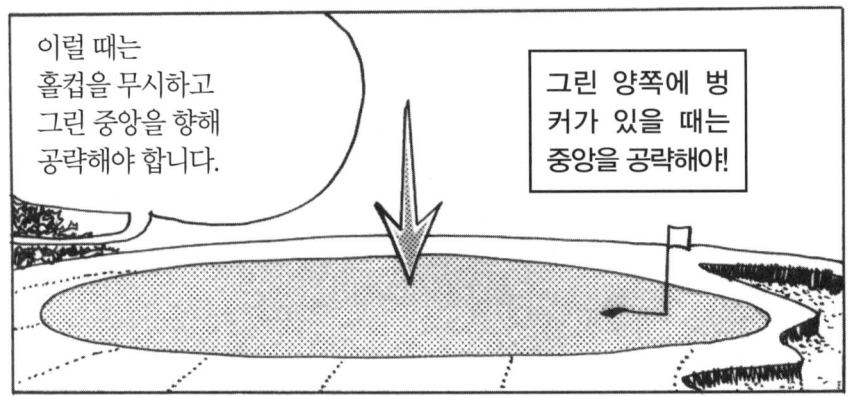

그러면 잘못 치더라도 그린 중앙의 좌우에 볼이 있게 되므로 벙커에 빠지지 않는다.

주말골퍼들에게는 벙커 샷보다는 칩샷이 훨씬 쉬우므로 공이 그린에서 벗어나는 한이 있어도 벙커에 떨어지지 않게 하는 것이 중요하다. 순간의 유혹을 이겨내서 최악의 상황에 빠지지 않는 것이 리듬을 유지하면서 게임을 즐길 수 있는 최선의 방법이다.

최선의 벙커 샷은 애초에 벙커에 빠지지 않는 것이다.

피치 샷을 할 때는 그린에 올려라

피치 샷을 잘했는데 그만 볼이 그린 앞쪽에 떨어지면서 옆으로 심하게 바운드되어 벙커에 떨어지는 경우가 있다. 왜 그럴까?

대개 그린 앞부분은 살짝 둔덕이 져 있어서 볼이 맞으면 어느 쪽으로 튈지 모르는 상황이 된다. 즉 볼이 원하지 않는 곳으로 갈 수 있다. 또한 그런 곳에는 대부분 벙커 해저드가 도사리고 있고…….

답은 간단하다. 안전한 곳 즉 그린을 향해 볼을 보내면 된다. 그린에 바로 올리면 불규칙 바운드에 대한 걱정은 없어진다. 그러므로 피치 샷을 할 때는 과감하게 그린을 향해 직접 볼을 보내는 습관을 가져야 한다.

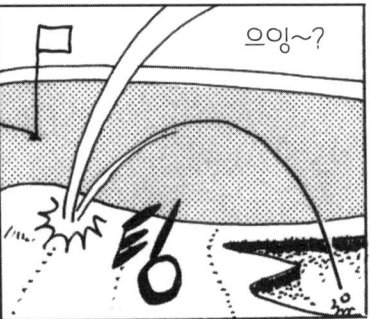

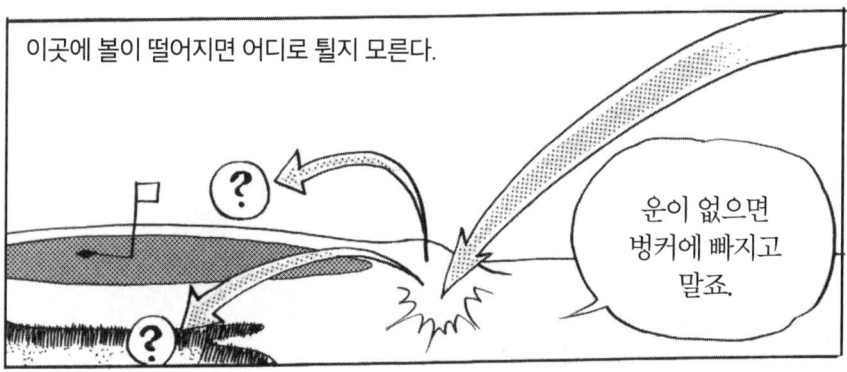

맞바람이 불 때의 티샷

맞바람이 불 때는 탄도가 낮은 볼을 쳐야 한다. 그래야만 바람의 영향을 적게 받기 때문이다. 탄도가 낮은 볼을 치기 위해서는 볼을 평소보다 오른발 쪽에 두고 친다. 그렇게 하면 다운 블로에서 임팩트가 일어나므로 볼이 낮게 날아가게 된다.

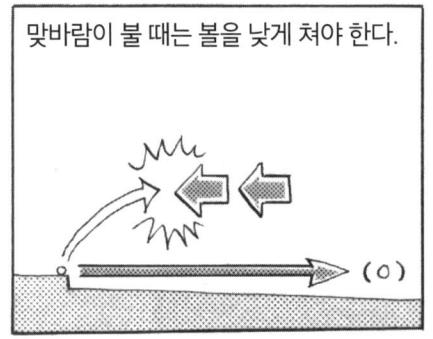

맞바람이 불 때는 볼을 낮게 쳐야 한다.

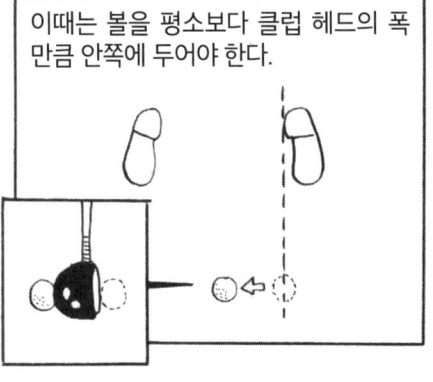

이때는 볼을 평소보다 클럽 헤드의 폭만큼 안쪽에 두어야 한다.

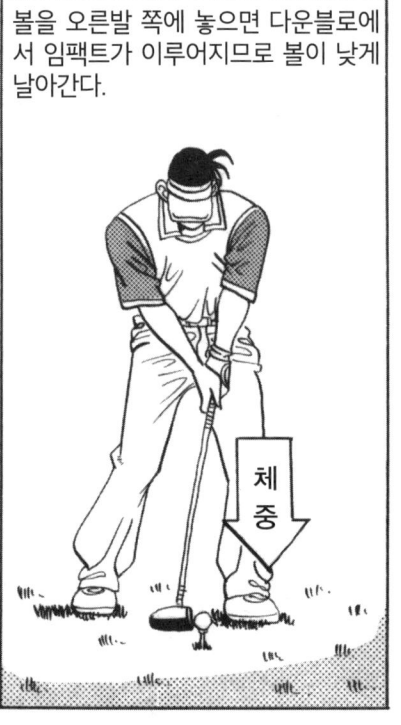

볼을 오른발 쪽에 놓으면 다운블로에서 임팩트가 이루어지므로 볼이 낮게 날아간다.

뒷바람이 불 때

뒷바람이 불 때는 바람을 이용해 볼을 더 멀리 날릴 수 있는 기회가 될 수 있다. 이때는 볼을 공중으로 높게 띄워야 바람을 효과적으로 이용할 수 있다. 볼을 높이 띄우기 위해서는 왼발뒤꿈치에 볼을 놓고 샷을 한다.

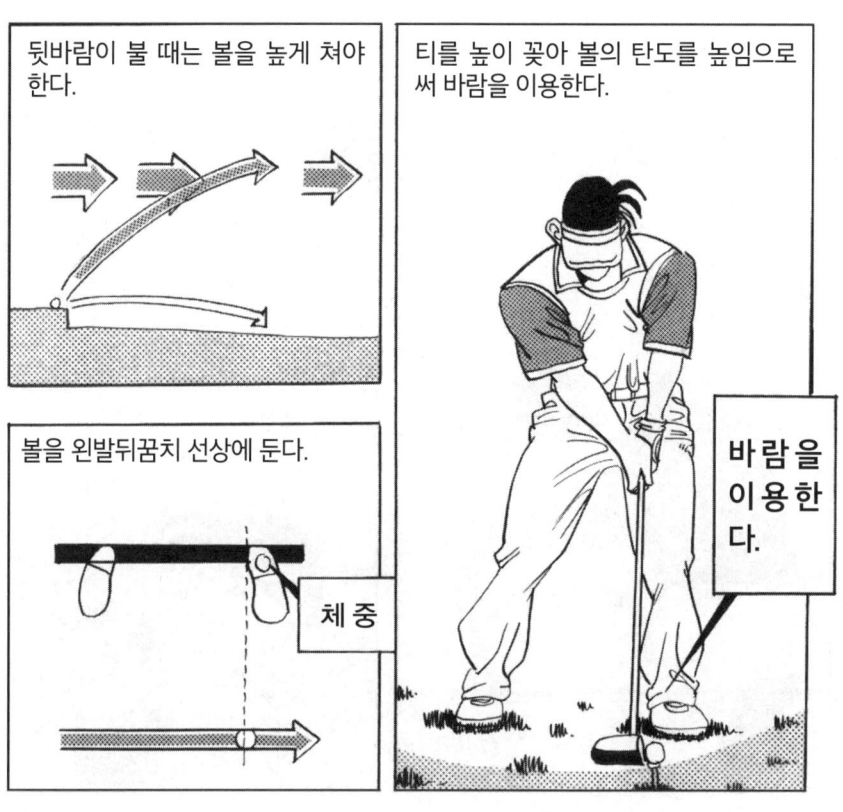

바람이 불 때의 샷

공중에 떠서 날아가는 볼은 바람의 흐름에 따라 휘게 마련이므로 바람이 불 때는 바람을 이용하는 샷을 한다. 오른쪽에서 왼쪽으로 바람이 불 때는 목표 오른쪽을 향해 어드레스한 뒤 정상적인 스트레이트 샷을 한다. 반대로 왼쪽에서 오른쪽으로 바람이 불 때는 목표 왼쪽을 향해서 어드레스한 뒤 샷을 한다. 이때 클럽을 평상시보다 5cm 정도 짧게 잡는다.

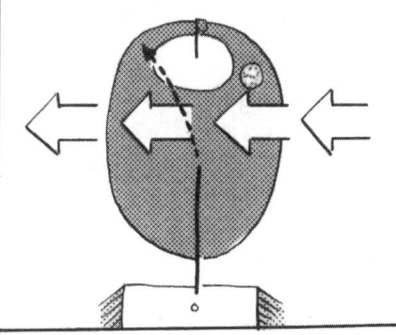

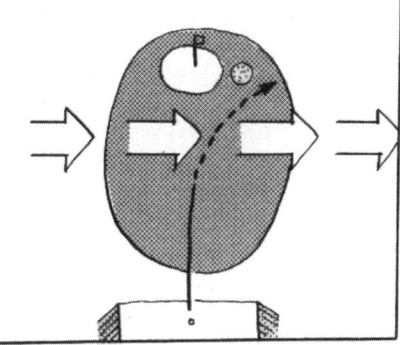

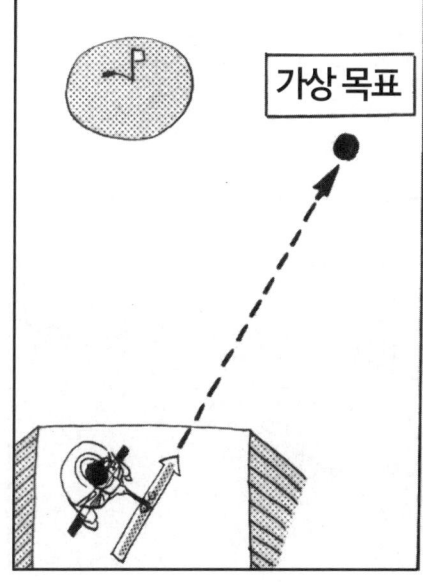

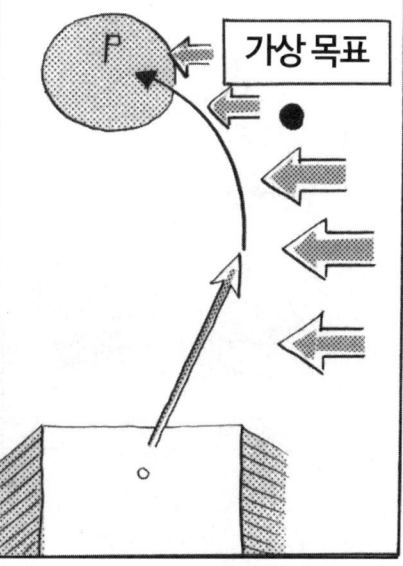

겨울철 필드에서는 볼을 녹여라

겨울에는 땅도 얼고 볼도 얼고 몸도 얼어 공이 멀리 나가지 않는다. 언 땅은 어쩔 수 없지만, 언 몸은 스윙 연습을 많이 해서 훈훈하게 해 주면 된다. 그렇다면 언 볼은 어떻게 할까?

언 볼을 예방하는 방법은, 주머니에 볼을 3개씩 준비해 두는 것이다. 하나를 사용하는 동안 나머지 2개는 주머니 속에서 따뜻해진다. 따뜻해진 볼을 번갈아 가면서 사용하면 비거리는 그만큼 멀리 나갈 것이다.

이른 봄의 그린은 변화무쌍하다

퍼팅을 할 때 그린의 상태를 제대로 읽는 것이 그날의 게임을 좌우한다. 특히 이른봄의 그린 상태는 일교차로 인해 한여름이나 한겨울과는 사뭇 다르다.

이른 봄 아침에는 그린 표면이 얼어 있어서 공이 구르는 속도가 매우 빠르지만, 오후가 되면 그린이 녹고 물기가 많아져 볼의 속도가 줄어든다.

따라서 그만큼 강하게 쳐야 한다.
퍼팅을 할 때에는 항상 그린의 현재 상태에 맞는 스트로크를 해야 한다.

심호흡도 훌륭한 전략이다

라운딩 중에는 플레이를 방해하는 요소가 많다. 어드레스를 할 때 들려오는 주변의 잡담이라든가, 이웃 홀에서 날아오는 볼 등이 그러하다.
연습 스윙과 심호흡은 초보자도 할 수 있는 간단한 동작이다. 이 동작에 익숙해지면 많은 방해 요소에도 흔들림 없는 샷이 가능해질 것이다.

플레이를 방해하는 요소를 극복하고 자신감을 찾는 것도 훌륭한 전략이죠.

그럼 어떻게 해야 마음을 다잡고 즐겁게 골프에 임할 수 있을까요?

일반적으로 프로들은 세 가지 동작으로 마음을 가다듬습니다.

첫째, 퍼팅 전에 반드시 라이를 읽는다.

둘째, 연습 스윙을 몇 번 함으로써 스윙의 템포를 잡는다.

셋째, 심호흡으로 마음을 진정시킨다.

체형에 따른 스윙 전략

키가 큰 골퍼의 스윙 전략

키가 큰 골퍼는 장점이 많다. 스윙 아크가 커서 업 라이트한 스윙이 가능하고, 샤프트가 긴 클럽도 쉽게 휘두를 수 있다. 그러나 장점을 활용하지 못하면 키가 큰 것이 단점이 되어 버린다. 대표적인 단점이 바로 어드레스를 할 때 자세가 지나치게 앞으로 구부려져 자신도 모르게 손으로만 휘두르는 스윙을 하는 것이다. 이러한 단점을 보완하는 방법이 있다.

키가 작은 골퍼의 스윙 전략

키가 작은 골퍼들은 장타에 대한 욕심이 남다르게 강하다. 그런 장타에 대한 욕심 때문에 자신도 모르게 스탠스를 지나치다 싶을 정도로 넓혀서 스윙하려고 한다. 그러나 결과는 단타에 그치고 만다. 왜 그럴까?

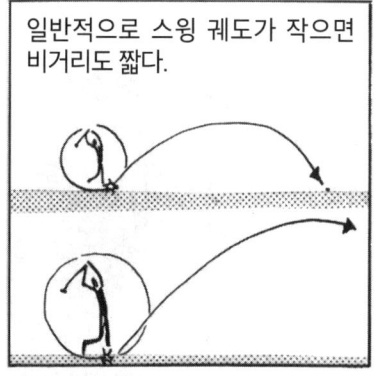

키 작은 골퍼 역시 욕심을 버리고 기본에 충실하면 된다. 드라이버샷의 경우, 스탠스는 어깨 넓이가 원칙이다. 무릎을 살짝 구부리고 허리부터 약간 앞으로 숙인 어드레스를 취한다. 그 상태에서 백스윙을 하는데, 백스윙 톱을 머리 위로 끌어올리지 않고 자연스럽게 하는 것이 핵심이다. 다시 한번 강조하지만, 톱의 위치는 왼쪽 어깨가 턱 밑에 왔을 때다.

[키 작은 골퍼의 스윙 전략]

몸이 마른 골퍼의 스윙 전략

몸이 마른 골퍼들은 몸이 흔들리기 쉬워 허리가 안정되지 않는다. 또한 몸의 유연성이 좋으므로 그저 팔로만 스윙을 하는 경향이 있다. 팔로 스윙을 하다 보니 타점이 일정하지 않아 덥이나 톱이 쉽게 발생한다. 그러면 어떻게 몸이 흔들리는 현상을 막을 수 있을까?

마른 골퍼들은 몸이 유연하다 보니 자신도 모르게 상체만 이용하게 된다.

상체를 이용한 어깨 회전이 많이 되는 반면 하체가 흔들린다.

하체가 고정되지 못하고 흔들리면 다운스윙 시 팔로만 하는 스윙이 되어

타점이 일정하지 않게 된다. 즉 톱이나 덥이 나기 쉽다.

몸이 흔들리는 현상을 막으면 일정한 스윙의 템포를 유지할 수 있는데, 그 핵심은 백스윙에 있다. 오른쪽 무릎과 허벅지를 석고로 고정해 놓고 스윙한다는 마음으로 백스윙을 하면 몸의 흔들림을 방지할 수 있다. 이렇게 오른쪽 다리를 고정해도 몸이 유연하므로 스윙은 더욱 견고해진다.

[몸이 마른 골퍼의 스윙 전략]

뚱뚱한 골퍼의 스윙 전략

몸이 뚱뚱하면 대체로 유연성이 떨어진다. 게다가 배까지 나왔다면 어드레스 때 몸을 앞으로 숙이기가 힘들어 등을 지나치게 굽히거나 고개를 숙이는 경향이 있다. 그런데 고개를 숙이면 백스윙 시 왼쪽 어깨가 턱을 밀어 헤드업이 발생하게 된다. 이러한 결점을 보완하기 위해서는 어떻게 해야 할까?

[뚱뚱한 골퍼들의 결점은 고개 숙이기]

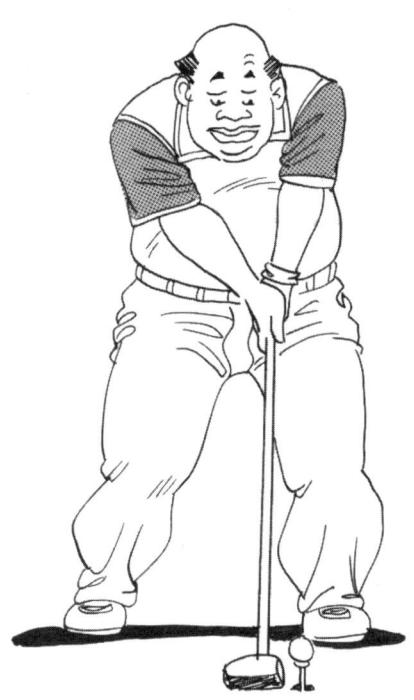

볼을 잘 보기 위해 고개를 지나치게 숙이면 백스윙 시 왼쪽 어깨가 턱을 밀어서 헤드업이 된다.

우선 뚱뚱한 골퍼는 하반신의 지나친 움직임을 제한할 필요가 있다. 먼저 양 무릎을 안쪽으로 모아 안짱다리 형태를 취한 뒤 스윙을 하면, 백스윙 시에는 무게중심이 오른쪽 다리 안쪽에 걸치게 되고, 다운스윙 시에는 왼쪽 다리 안쪽에 걸치게 되므로 하반신이 안정된 스윙을 할 수 있다.
스탠스를 좁게 해서 서 주면 그만큼 하체가 안정되며, 지나치게 고개를 숙이지 않는다면 기대 이상의 좋은 스윙을 할 수 있다.

[뚱뚱한 골퍼들의 스윙 전략]

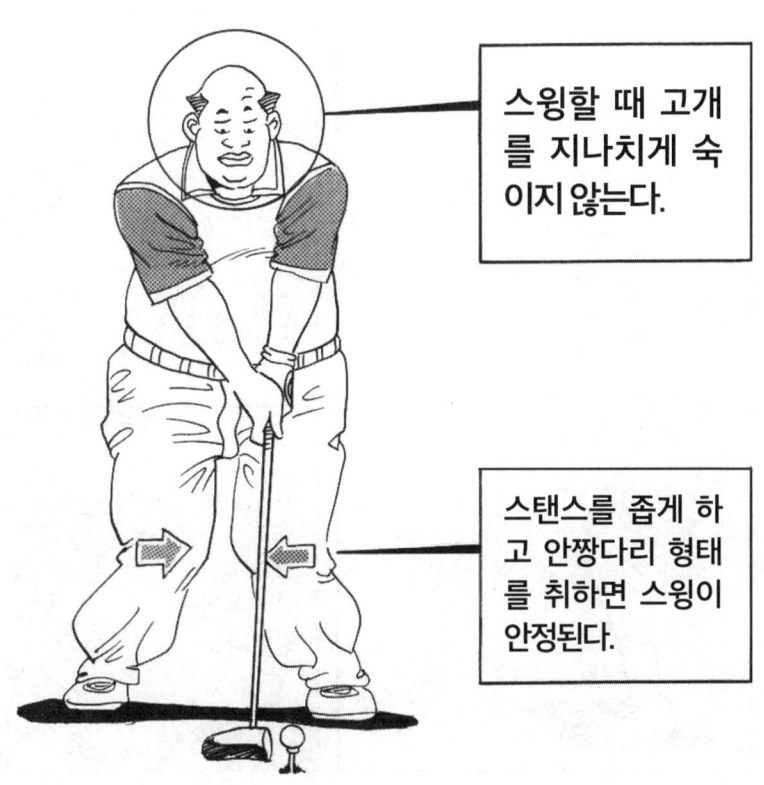

여성 골퍼의 스윙 전략

어드레스 시 볼과 몸과의 간격

볼과 몸의 거리가 적당해야 좋은 스윙이 나온다는데, 도대체 얼만큼의 거리가 적당한지 알기가 어렵다. 어떤 여성 골퍼는 볼을 멀리 보내려면 플랫한 스윙을 해야 한다고 여기고서 볼에서 멀리 떨어져 어드레스하기도 한다. 물론 임팩트가 제대로 이루어지면 괜찮지만, 이런 경우 스윙 궤도가 커져 제대로 된 임팩트가 나오지 않는다. 그렇다면 어떻게 볼과 적정한 간격을 유지할 수 있을까?

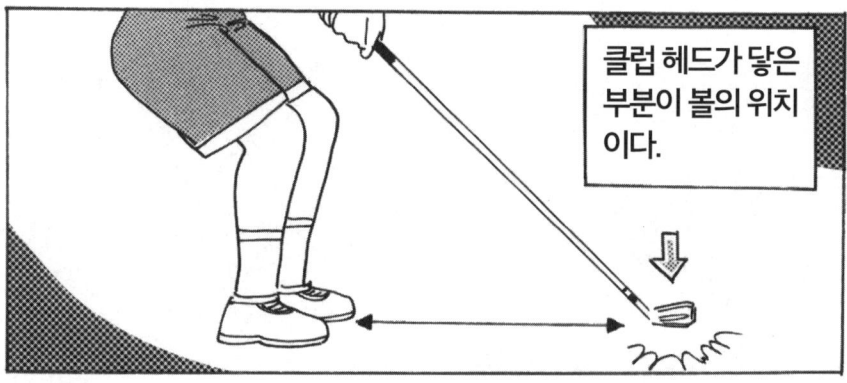

이제부터 적정한 볼과 몸의 거리에 대해 알아 보자. 우선 무릎과 허리를 다소 구부려서 탄력 있는 어드레스 자세를 유지한다. 그 자세에서 클럽 헤드를 머리 방향으로 곧장 젖혔다가 힘차게 바닥을 향해 내리치듯 지면에 댄다. 마치 검도에서 상대방을 내리치듯이 말이다. 이때 착지된 지점이 바로 볼이 있는 지점이다. 그 지점에서 플랫한 스윙을 하면 볼을 멀리 보낼 수 있다.

백스윙 시 왼팔을 펴 준다

여성은 근육이 약하고 몸이 유연하므로 스윙 시에 2가지 특징을 보인다. 첫째는 백스윙이 지나치게 오버되는 것이고, 둘째는 팔로 스루가 작다는 것이다. 이렇게 되면 파워 있는 스윙 자체가 불가능해진다.

백스윙이 오버되었다가 다운스윙이 되면, 임팩트까지의 시간이 길어지므로 클럽 헤드의 스피드가 떨어진다. 따라서 팔로 스루 역시 저절로 짧아지는 것이다.

[여성 골퍼들의 2대 결점]

그럼 어떻게 해야 파워 있는 스윙이 가능해질까?

방법은 간단하다. 백스윙 톱 상태에서 클럽이 지면과 평행을 이루도록 하는 것이다. 이렇게 하기 위해서는 백스윙 시 왼쪽 팔꿈치를 펴 주는 것이 요령이다. 그렇게 되면 임팩트 시에 클럽 헤드의 속도가 줄지 않게 되고, 팔로 스루 역시 자연스럽게 길어진다.

[여성 골퍼들의 2대 결점을 고치는 방법]

그립은 클럽이 손에서 빠지지 않을 정도로 잡는다

골프를 처음 시작하는 여성 골퍼들은 긴장하여 자신도 모르게 클럽을 지나치게 꽉 잡는 경향이 있다. 이렇게 꽉 잡는 것이 습관이 되면, 손목을 꺾는 코킹이 제대로 되지 않아 백스윙이 하프 스윙 이상으로 되기 힘들다. 물론 팔로 스루도 힘들어져서 9시에서 3시 사이의 스윙이 될 뿐이다.

[9시에서 3시 사이의 스윙]

그립을 지나치게 꽉 쥐므로 톱이 낮아지고, 팔로 스루가 약하다.

이러한 단점은 반드시 고쳐야 한다. 그립은 클럽이 손에서 빠지지 않을 정도로 잡는다는 마음으로 잡아야 백스윙 시 손목이 충분히 꺾여서 좋은 백스윙 톱이 가능해진다. 톱 상태에서 다운스윙으로 가야만 임팩트와 팔로 스루가 모두 힘차게 이어진다.

[그립은 손에서 클럽이 빠지지 않을 정도로!]

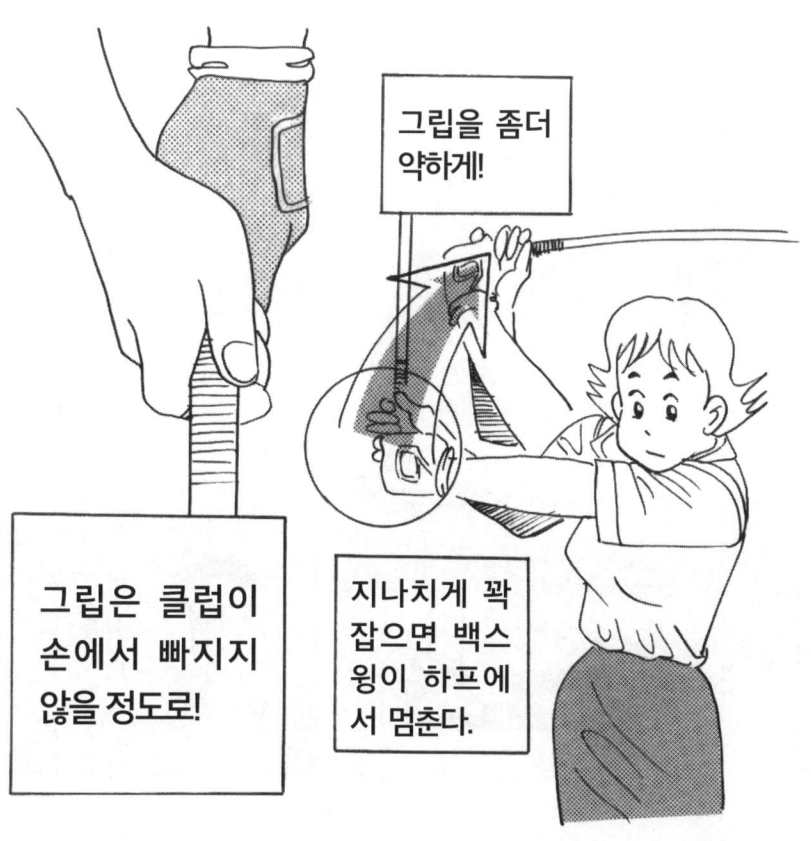

왼발뒤꿈치는 반드시 바닥에 붙인다

여성 골퍼들이 백스윙 톱에서 다운스윙을 시작할 때 보면 대부분이 왼발뒤꿈치를 들고 있다. 본인도 모르는 사이에 온몸에 힘이 들어가고, 몸이 앞으로 쏠리자 발끝에 힘을 주게 되고 뒤꿈치는 들리게 되는 것이다. 그런데 이러한 자세로는 오른발에서 왼발로의 체중 이동이 되지 않은 상태에서 그저 팔로 하는 스윙이 될 뿐이다. 당연히 볼은 힘없이 날아가다 떨어지거나 슬라이스가 나고 만다. 어떻게 해야 좋을까?

간단하다. 스윙 시 왼 발바닥을 본드로 바닥에 붙였다는 마음으로 발뒤꿈치를 바닥에 대고 다운스윙을 하는 것이다. 그렇게 되면 왼쪽다리로의 체중 이동이 된 뒤에 다운스윙이 된다. 이렇게 되면 볼보다 뒤쪽에 있는 상태에서 스윙이 이루어지므로 다리 동작 역시 자연스럽게 된다,

클럽의 선택과 점검

그린의 중앙을 겨냥하는 클럽을 선택한다

주말골퍼들의 어프로치를 보면 하나같이 그린에 못 미치거나, 기껏해야 그린 가장자리에 겨우 떨어지는 정도다. 왜 그럴까?

이유는 그린의 중앙을 겨냥하지 못하고 그저 그린의 앞부분을 겨냥하고 샷을 하기 때문이다. 그러다 보니 그린에 미치지 못하는 볼이 되고 만다. 그러면 어떻게 해야 그린 위에 볼을 어프로치할 수 있을까?

짧은 샷을 고치려면 그린 앞부분이 아니라 중앙을 겨냥하면 된다. 그린을 향해 어프로치할 때에 7번 아이언이 적당하다고 생각된다면 한 단계 위인 6번 아이언을 사용해 보자. 그린 중앙에 이르는 멋진 어프로치샷을 맛볼 것이다. 참고로, 주말골퍼들은 각 클럽 간의 비거리 차이를 9미터(=10야드)로 잡는 게 좋다.

그린 뒤쪽의 숲은 거리를 짧아 보이게 한다

나름대로 거리에 대한 확신을 갖고 피치 샷을 했는데 거리가 짧게 나왔을 때의 아쉬움과 황당함은 경험한 사람은 누구나 안다. 그만큼 골프에서는 거리 판단이 중요하다. 짧게 나온 이유가 여러 가지 있지만, 특히 그린 뒤에 숲이나 나무가 있는 경우에는 거리가 훨씬 짧아 보인다.

[그린 뒤에 숲이 있는 경우]

그린 측면에 숲이나 나무가 있어서 그린에 그늘을 드리우는 경우에는 그린이 실제 있는 거리보다 멀어 보인다. 그린 근처에 나무나 둔덕은 물론 덤불마저 없어서 뻥 뚫린 경우에는 그 정도가 심하여 훨씬 더 멀어 보인다. 따라서 멀어 보이는 것에 현혹되어 스윙을 하면 그린을 오버하기 일쑤다. 이럴 때는 한 클럽 작은 아이언으로 스윙한다.

[그린 뒤가 뻥 뚫린 경우]

그린 주변에서 퍼팅과 칩샷을 구분하는 법

그린 주변에 떨어진 볼을 보고 퍼팅을 해야 할지 칩샷을 해야 할지 난감해 하다가 기껏 퍼팅했는데 볼이 튀어 올라 놀란 경험이 있을 것이다. 그 순간 '아차!' 하면서 '칩샷을 하는 건데…' 하고 후회한다. 하지만 이미 1타를 손해 보고 말았다.
도대체 언제 퍼팅을 하고 언제 칩샷을 한단 말인가?

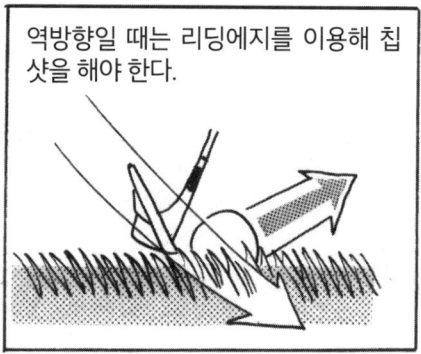

비법은 바로 잔디에 있다. 프로들이 그린 주변의 볼을 대하는 모습을 보면 한결같이 신중하게 볼의 라이와 주변 잔디의 방향을 살핀다. 그리고 나서 퍼팅이나 칩샷을 하는데 실수가 없다.

잔디가 홀컵 쪽을 향하는 순방향이라면 퍼팅을 한다. 역방향이라면 언제나 칩샷을 해야 한다. 만일 역방향인데도 퍼팅을 했다면 볼이 잔디와 부딪쳐 더욱 어려운 상황에 빠진다.

클럽 페이스를 반드시 닦자

샷을 마치고 이동할 때 아무 생각 없이 이동하는 골퍼들이 많다. 특히 주말골퍼들은 클럽 페이스에 대해 관심을 갖지 않는 듯하다.
클럽 페이스는 볼과 만나는 부분이다. 그곳에는 가느다란 홈이 직선으로 여러 개 나 있는데, 그 홈은 볼이 백스핀을 먹는 데 도움을 주기 위해 있는 것이다.

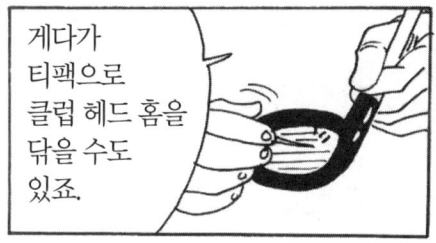

샷을 하고 나면 클럽 페이스 홈에 풀이나 흙이 많이 끼는데, 그 상태로 샷을 하게 되면 원하는 샷이 나오지 않는다. 클럽 페이스의 홈에 낀 흙이나 풀 등의 이물질은 티샷 때 쓰는 티 아랫부분에 달린 티 팩을 이용하여 샷을 마치고 이동할 때 제거한다. 이렇게 클럽 페이스를 깨끗하게 유지하는 것만으로도 충분히 3~4타를 줄일 수 있다.

2장
이것만 고치면 당신도 싱글

왼손의 V자가 왼쪽 어깨를 향하면 슬라이스가 난다

슬라이스가 많이 나는 주말골퍼라면 반드시 자신의 그립 상태를 확인할 필요가 있다. 그립에서 주말골퍼들이 가장 많이 범하는 실수는 왼손의 V자가 오른쪽을 향해야 하는데 왼쪽을 향한다는 것이다.

이렇게 왼쪽을 향하게 되면 스윙 시 임팩트 때에 힘이 들어가지 않게 되며, 더욱 큰 문제는 클럽 페이스가 열려서 맞으므로 타구의 대부분이 슬라이스가 된다.

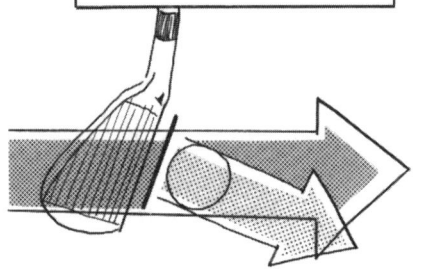

그립 시 왼손의 V자가 왼쪽 어깨를 향하면 슬라이스가 난다.

커트 인 하는 볼이 되어 슬라이스가 난다.

이러한 그립의 교정법은 간단하다. 왼손의 V자가 오른쪽 어깨와 귀 사이를 가리키면 된다. 물론 오른손의 V자 역시 오른쪽 어깨와 귀 사이를 가리켜야 한다. 이렇게 되면 스윙 시 손목의 잘못된 꺾임이 없어지고 자연스런 스윙이 가능해져 강한 임팩트가 가능해진다.

어깨는 수평이 아니다

어드레스를 할 때 잘못된 습관 하나가 어깨를 수평으로 하는 것이다. 어깨가 수평인 상태에서 스윙을 하면, 다운스윙 시 오른 어깨가 턱 밑으로 오지 않고 턱과 부딪히게 된다. 이렇게 되면 헤드업이 되어 공을 제대로 볼 수도 없게 되어 제대로 된 스윙은 기대할 수도 없게 된다. 어깨가 수평이 되면 스윙 궤도가 플랫해져서 큰 스윙이 어렵다.

[잘못된 어깨의 수평]

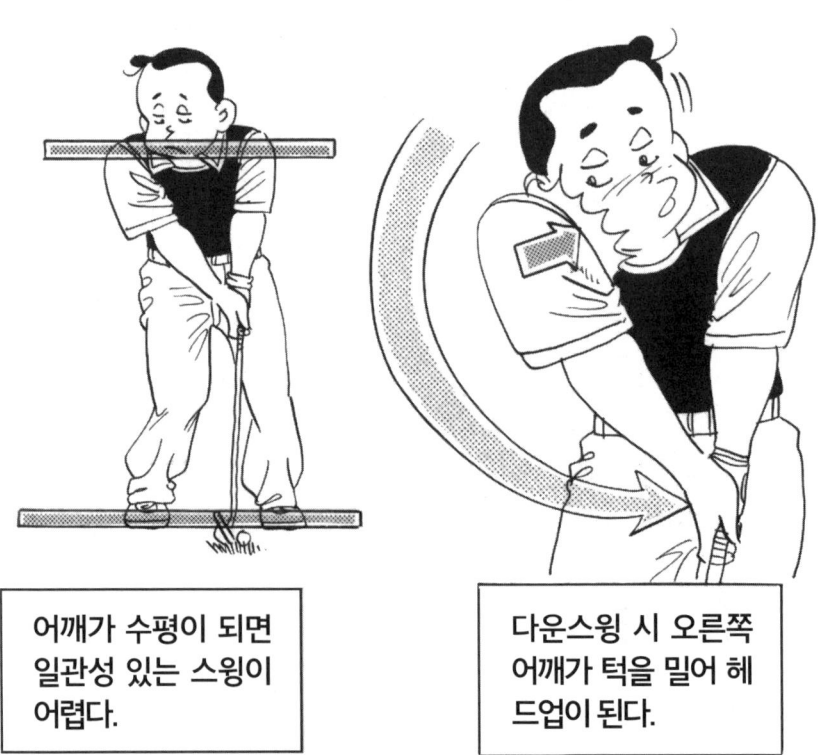

어깨가 수평이 되면 일관성 있는 스윙이 어렵다.

다운스윙 시 오른쪽 어깨가 턱을 밀어 헤드업이 된다.

프로들의 어드레스 자세를 보면, 오른손이 왼손보다 그립 아래쪽을 잡기 때문에 자연스럽게 오른쪽 어깨가 왼쪽보다 낮은 것을 볼 수 있다. 그렇게 되면 임팩트 시 오른쪽 어깨가 턱 아래를 지나치게 되어 헤드업이 방지된다. 머리가 고정되므로 볼을 정확히 볼 수 있는 상태에서 임팩트가 이루어지므로 스윙 궤도를 일정하게 유지할 수 있다. 오른쪽 어깨가 낮은 상태에서 스윙을 하면 스윙 궤도가 서게 되어 업라이트한 큰 스윙을 할 수 있다.

[제대로 된 어깨]

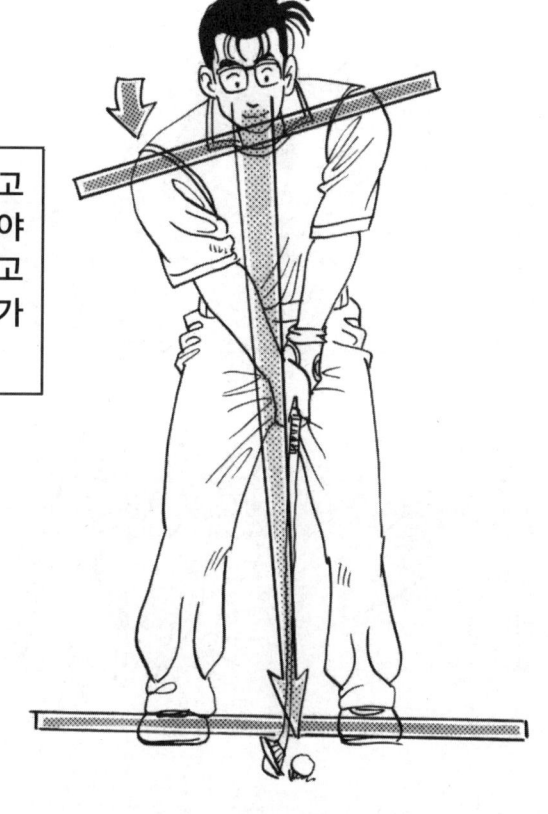

오른쪽 어깨가 높고 왼쪽 어깨가 낮아야만 볼을 정확히 보고 자연스런 스윙이 가능해진다.

머리 고정이 좋은 것만은 아니다

백스윙 시 왼쪽 어깨를 90도 이상 돌려 주어야 다운스윙 시 힘 있는 임팩트가 가능해진다. 그러나 백스윙을 90도 이상 하게 되면 왼쪽 어깨의 회전 때문에 머리가 오른쪽으로 약간 기울게 된다. 이때 시선이 볼을 쳐다보고 있다면 약간의 기울임 정도는 오히려 자연스러운 현상이다.

왼쪽 어깨 회전이 동반된 백스윙 톱에서는 머리가 오른쪽으로 약간 기울어진다.

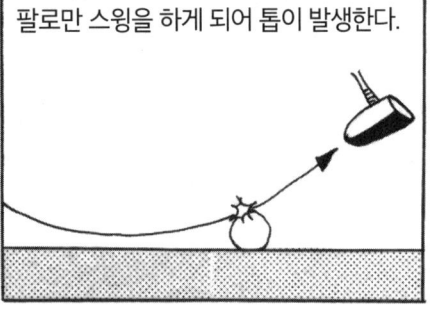

'헤드업을 방지하기 위해서는 머리를 고정하라'는 격언을 기계적으로 외우다 보니 오히려 좋은 스윙을 익히지 못한다. 즉 백스윙 시 왼쪽 어깨를 90도 이상 돌리려다가 '머리를 고정해야지' 하는 생각으로 오른쪽으로 자연스럽게 기울게 되는 머리를 자신도 모르는 사이에 원래 위치로 돌려놓다 보니 어깨 회전이 즉시 멈추게 되고, 결국은 충분히 어깨를 90도 이상 돌리지 못한 상태에서 다운스윙을 하게 되는 것이다.

왼쪽 어깨를 90도 이상 회전했을 때 머리도 오른쪽으로 약간 기울어야 자연스럽다.

왼쪽 어깨를 충분히 돌리지 못한 상태에서 하는 백스윙은 임팩트가 약하다. 따라서 백스윙 시 왼쪽 어깨를 과감히 90도 이상 돌리되, 어깨 회전에 의한 머리의 기울임을 자연스럽게 여기며 백스윙을 하면 힘 있는 스윙을 할 수 있다. 프로들이 백스윙을 할 때는 대부분 90도 이상 돌아가는데, 이때 이들의 고개는 자연스럽게 어깨를 따라 약간 오른쪽으로 기우는 모습을 볼 수 있다. 단 이때도 시선은 볼을 향해야 한다.

백스윙은 무조건 천천히

초조해지거나 마음이 급해지면 자신도 모르게 스윙이 빨라진다. 그럴 경우 그만큼 원하지 않는 미스 샷이 많아지는 것은 당연하다. 특히 급할수록 테이크 백은 평소보다 천천히 한다는 마음으로 해야 한다. 그래야 평소 안정적인 플레이를 할 때의 백스윙 템포를 유지할 수 있으며, 이러한 템포를 유지해야 자신의 평소 스윙으로 돌아올 수 있다.

마음이 급할수록 테이크백을 천천히 하면 안정된 템포를 유지할 수 있다.

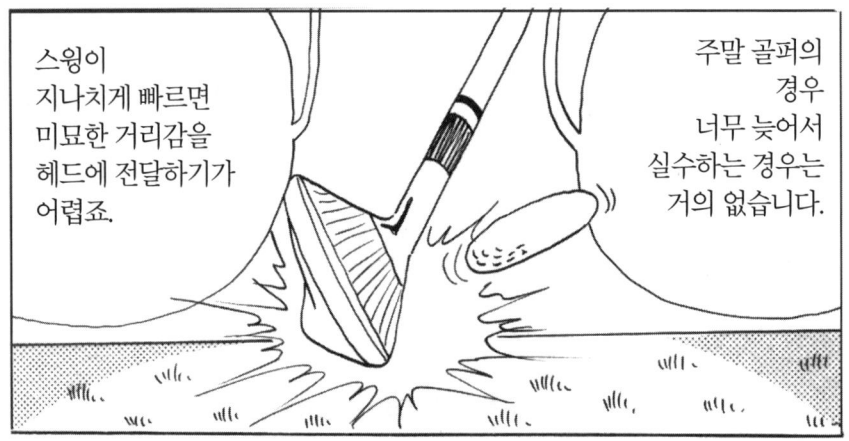

스윙을 천천히 하는 방법 가운데 하나는 바로 어드레스 시 클럽 헤드를 땅에 대지 않고 하는 것이다. 이렇게 클럽을 땅에서 띄우면 평소보다 느린 속도로 테이크 백을 할 수 있다.

아웃사이드 인 스윙의 교정법

테이크 백을 할 때 클럽이 타깃 라인보다 바깥쪽으로 나가는 주말골퍼들이 있다. 이런 경우 대부분 슬라이스가 난다. 왜냐하면 테이크 백 시 바깥쪽으로 나갔던 클럽이 다운스윙에서도 바깥쪽에서 안쪽으로 들어오는 아웃사이드 인의 스윙이 되기 때문이다. 아웃사이드 인 스윙을 할 경우 클럽 페이스가 열리게 되는 경우가 많이 생기고 볼은 시계 방향으로 스핀을 먹게 되어 결국은 오른쪽으로 휘는 풀 슬라이스가 된다.

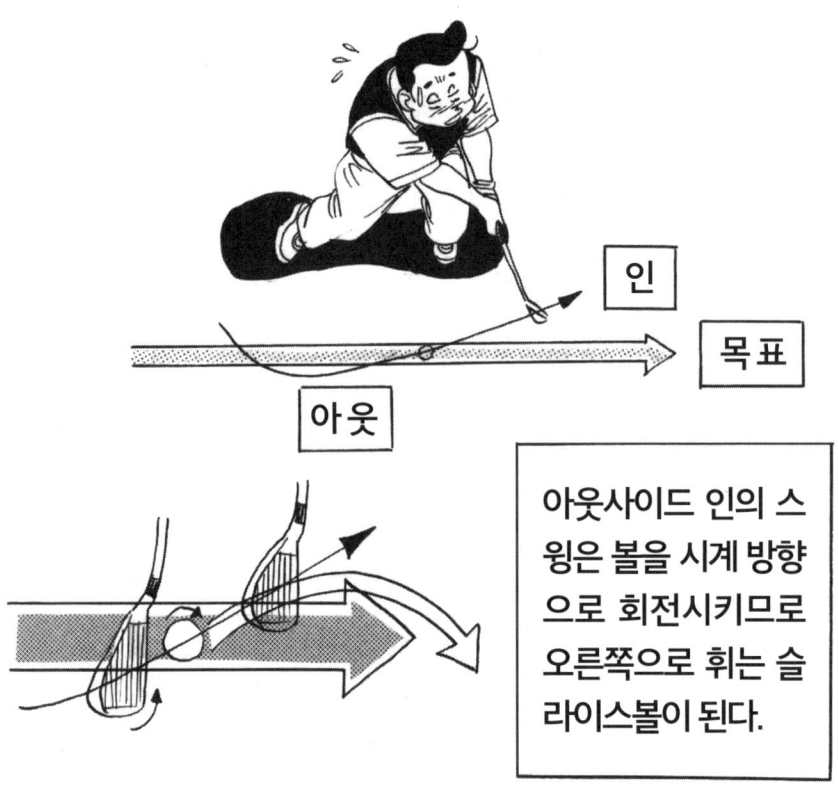

아웃사이드 인의 스윙은 볼을 시계 방향으로 회전시키므로 오른쪽으로 휘는 슬라이스볼이 된다.

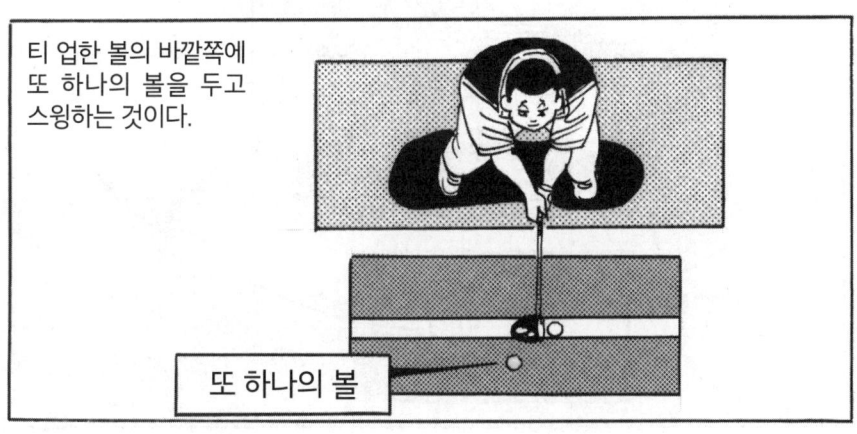

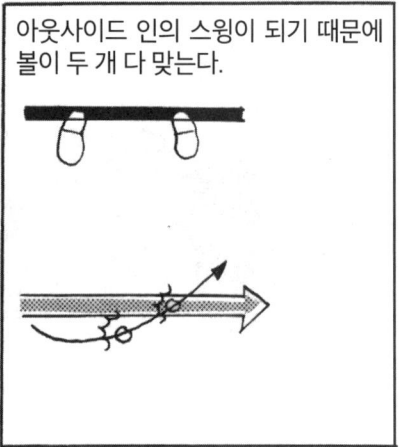

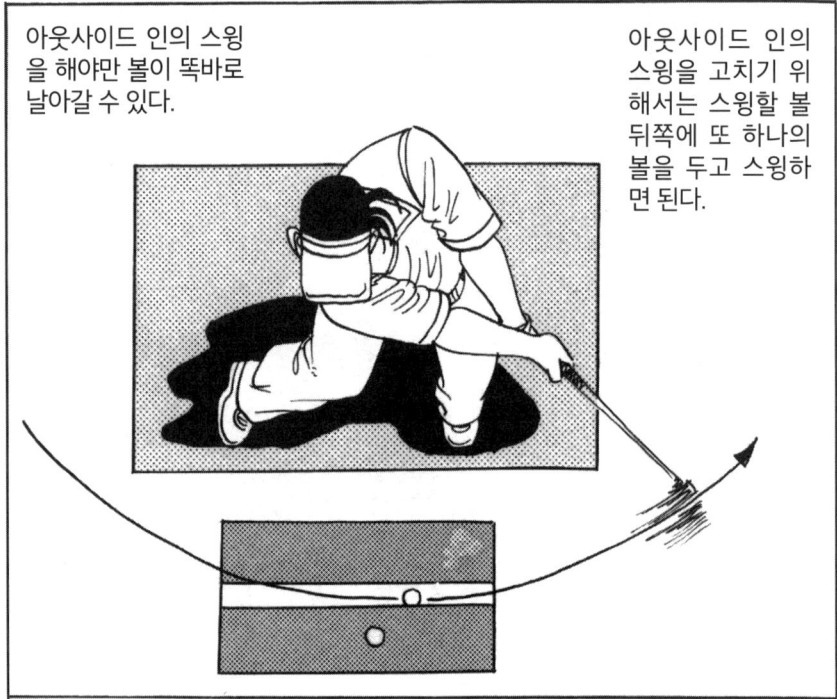

아웃사이드 인 스윙의 교정은 평소 연습장에서 해 두어야 한다. 페어웨이에서 고치려고 하다가는 평소의 스윙 감각까지 잊어버릴 수도 있다. 연습 때 타깃 라인 바깥쪽에 볼을 하나 미리 두고 스윙을 하는 것이다. 이렇게 되면 백스윙 시 클럽이 바깥쪽으로 나갈 때 미리 둔 볼에 걸리게 되어 자신의 백스윙 궤도를 알 수 있다. 미리 둔 볼에 클럽이 걸리지 않도록 백스윙이 된다면 교정이 된 것이다.

정리① 슬라이스가 나는 원인과 그 대책

주말골퍼들의 경우 슬라이스가 나는 원인은 크게 3가지다.
첫째, 아웃사이드 인의 스윙과 클럽 페이스가 열리는 경우다. 이 스윙은 볼을 시계 방향으로 회전시켜 오른쪽으로 휘는 슬라이스볼을 만든다.
둘째, 비록 인사이드 인의 스윙을 하지만, 백스윙 시 클럽 페이스를 열어서 올리는 경우다. 이렇게 되면 다운스윙 시에도 페이스가 열려서 내려오므로 볼은 오른쪽으로 날아가는 슬라이스가 된다.
셋째, 아이언 클럽의 힐이 땅에서 떨어진 경우다.

[슬라이스의 원인 2(아웃사이드 인의 스윙)]

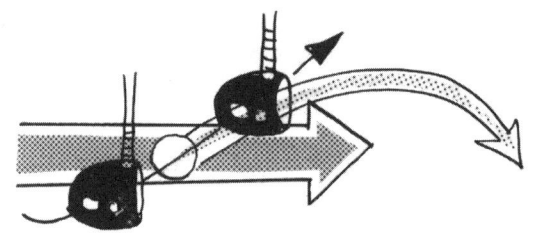

클럽 페이스가 열리는 스윙은 볼을 시계 방향으로 회전시켜 오른쪽으로 휘는 슬라이스볼을 만든다.

슬라이스의 원인 1(아웃사이드 인의 스윙)

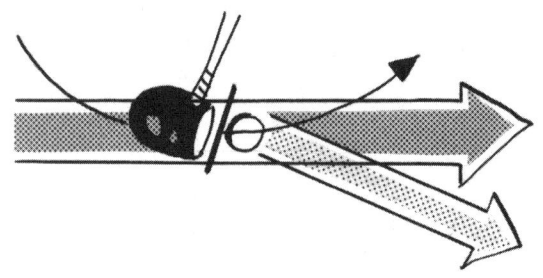

인사이드 인의 스윙이지만 클럽 페이스가 오픈되면 볼을 오른쪽으로 보내게 된다.

[슬라이스의 원인 2(아웃사이드 인의 스윙)]

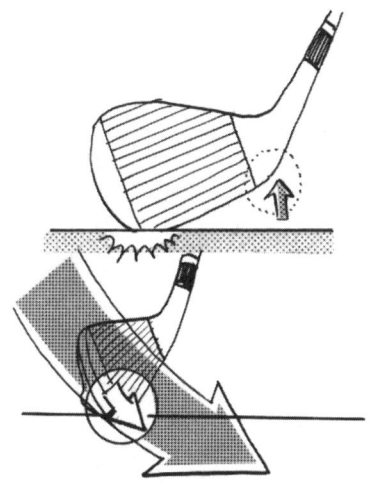

힐이 땅에서 떨어지면 임팩트 시 토 부분이 먼저 바닥에 닿게 된다. 그렇게 되면 힐 부분이 앞으로 나오게 되어 클럽 페이스가 오픈된다.

헤드의 토우 부분이 먼저 닿으면 힐 부분이 앞으로 나가게 된다.

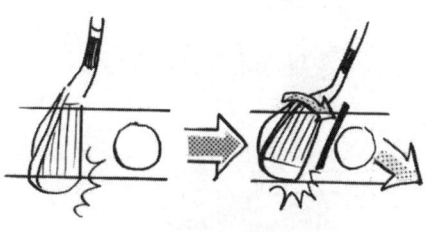

첫 번째 경우인 아웃사이드 인 스윙 궤도 때문에 클럽 페이스가 열리는 스윙을 보자. 먼저 아웃사이드 인의 스윙이 되는 원인과 처방을 살펴보자.

① 다운스윙 시 머리를 빨리 들어 왼쪽 어깨가 일찍 열리는 경우 아웃사이드 인의 스윙이 된다. 이것을 고치기 위해서는 다운스윙에서 팔로 스루에 걸쳐 오른쪽 어깨가 턱밑을 통과할 때까지 머리를 들지 않는 것이다. 그러면 인사이드 인의 스윙이 된다.

② 다운스윙 시 오른쪽 어깨가 앞으로 나오는 경우 역시 아웃사이드 인의 스윙이 된다. 오른쪽 어깨가 앞으로 나오는 것을 방지하기 위해서는 어깨를 수평으로 돌려 주어야 한다. 그러면 다운스윙 시 제일 먼저 다리의 체중 이동이 이루어진 뒤 허리가 돌아가고, 그리고 나서 어깨가 내려오면 된다.

허리와 다리로 스윙을 하면 팔은 자연스럽게 따라간다. 즉 프로들이 "볼은 반드시 허리로 쳐라."라고 하는 말은 바로 이를 말하는 것이다.

[하체를 이용한 다운스윙]

어깨를 수평으로 돌린다. 이렇게 하려면 다리와 허리의 리드를 통해 팔을 움직인다.

③ 오른쪽 무릎이 앞으로 나오는 경우 역시 아웃사이드 인의 스윙이 된다. 이렇게 되는 원인은 오른발의 뒤꿈치를 너무 빨리 들기 때문이다. 이를 방지하는 방법은 간단하다. 오른쪽 발뒤꿈치를 땅에 붙여 두는 것이다. 그러면 몸이 앞쪽으로 움직이는 것을 방지하여 결국은 인사이드 인의 스윙이 된다.

오른쪽 무릎이 나오면 아웃사이드 인의 스윙이 된다.

다운스윙에서 오른쪽 발꿈치를 빨리 들면 오른쪽 무릎이 나온다.

[인사이드 인의 스윙을 위해 오른쪽 발꿈치를 땅에 붙여 둔다]

오른쪽 발꿈치를 땅에 붙여 두면 앞쪽으로 움직이는 것을 방지할 수 있다.

두 번째 경우는 비록 인사이드 인의 스윙을 하지만, 백스윙 시 클럽 페이스를 열어서 올리는 경우다. 이렇게 되면 다운스윙 시에도 페이스가 열려서 내려오므로 임팩트 시 볼이 오른쪽으로 가도록 충격을 받게 되어 볼은 오른쪽으로 날아가는 슬라이스가 된다.

이를 교정하는 방법은 간단하다. 클럽 페이스를 목표와 직각이 되도록 닫아서 백스윙하는 것이다. 그러면 다운스윙 시에도 클럽 페이스가 목표와 직각이 되어 만나게 되므로 슬라이스가 교정된다.

세 번째 경우인 어드레스 시 아이언 클럽의 힐이 땅에서 떨어진 경우다. 이 경우에는 클럽 페이스가 열리게 되고, 임팩트 시 클럽의 토우 부분이 먼저 땅에 닿으면서 제동이 걸리지만 힐 부분은 그대로 통과하게 되어 클럽 페이스가 열리게 되는 경우다. 이렇게 되면 결국 클럽 페이스가 열리면서 볼을 맞히게 되므로 커트 볼의 상황이 연출되고 볼은 시계 방향으로 회전하는 슬라이스볼이 된다.

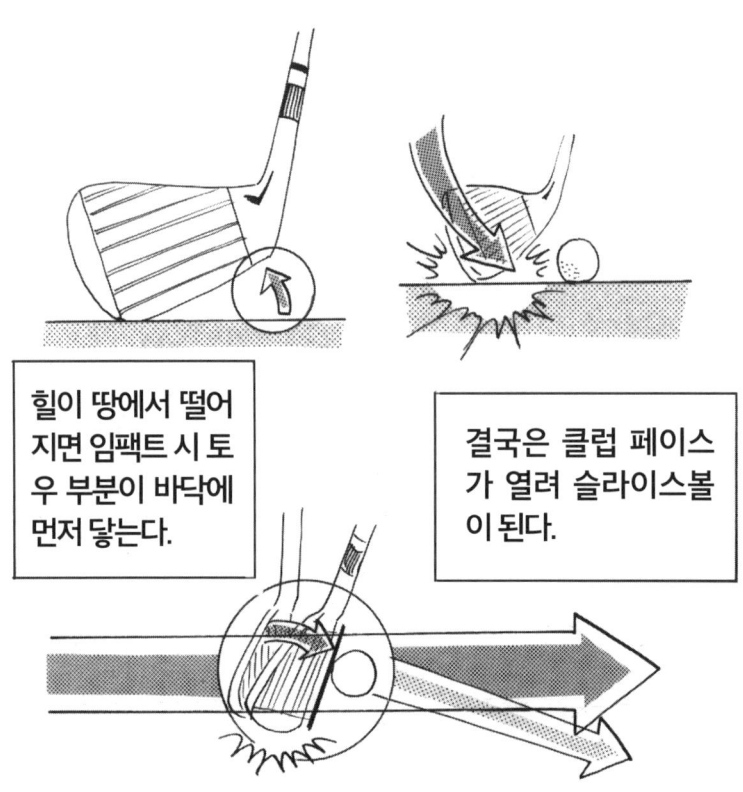

교정 방법은 간단하다. 클럽 바닥 전체를 지면에 고르게 대어서 토와 힐이 모두 수평을 이루도록 하는 것이다.

정리② 페이드볼을 치는 방법

볼을 의식적으로 오른쪽으로 휘도록 치는 볼을 '페이드볼' 이라고 한다. 즉 자신이 의도하지 않았는데 오른쪽으로 휘는 볼은 슬라이스이고, 의도했다면 페이드볼이다.

페이드볼을 치는 방법은 간단하다.

의도적으로 슬라이스볼을 만들면 된다. 즉 아웃사이드 인의 스윙을 하면 된다. 그러기 위해서는 오른발이 왼발보다 약간 앞으로 나오는 오픈스탠스로 바꾸면 된다. 물론 클럽 페이스는 목표와 직각이 되도록 유지한다. 그러한 상태에서 스윙을 하게 되면 아웃사이드 인의 스윙을 하게 되어 볼을 시계 방향으로 회전시키게 된다. 결국 볼은 시계 방향인 오른쪽으로 휘는 볼이 된다. 즉 의도적으로 오른쪽으로 치는 페이드볼을 친 것이다.

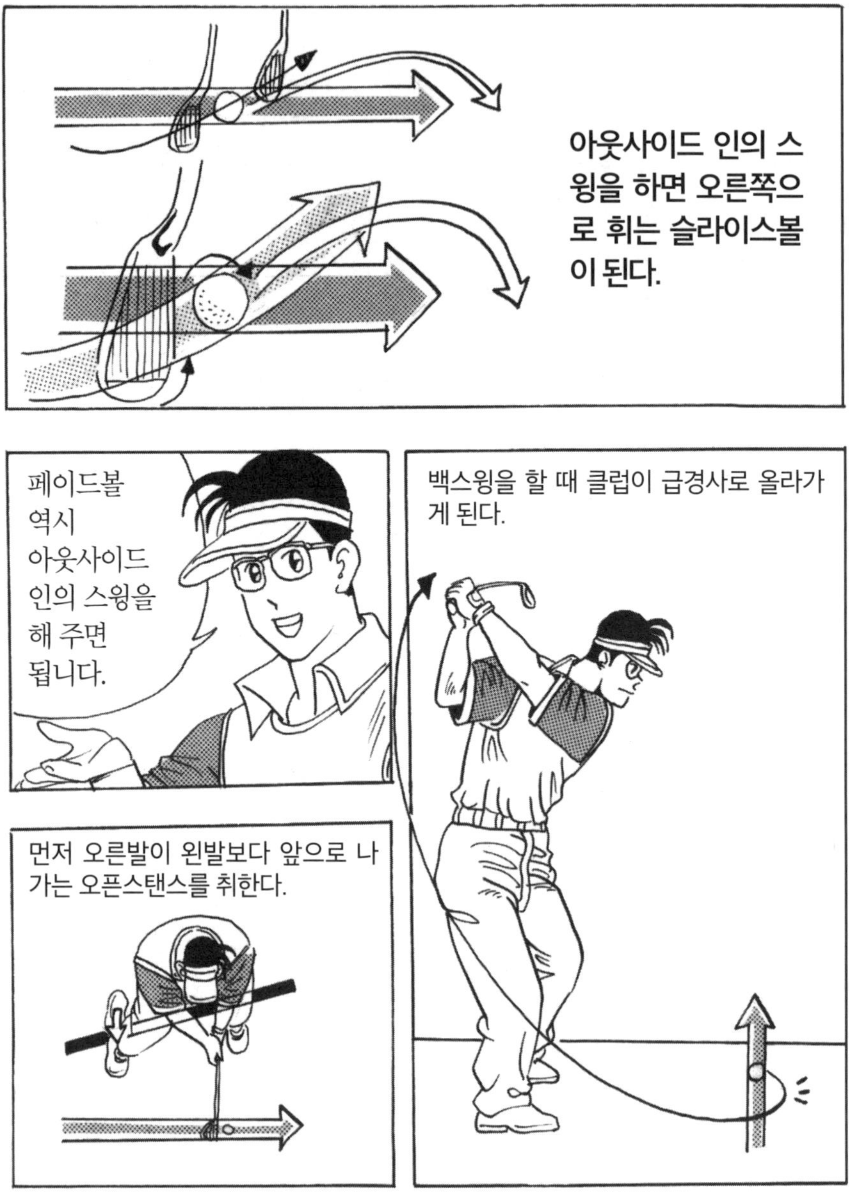

아웃사이드 인의 스윙을 하면 오른쪽으로 휘는 슬라이스볼이 된다.

페이드볼 역시 아웃사이드 인의 스윙을 해 주면 됩니다.

백스윙을 할 때 클럽이 급경사로 올라가게 된다.

먼저 오른발이 왼발보다 앞으로 나가는 오픈스탠스를 취한다.

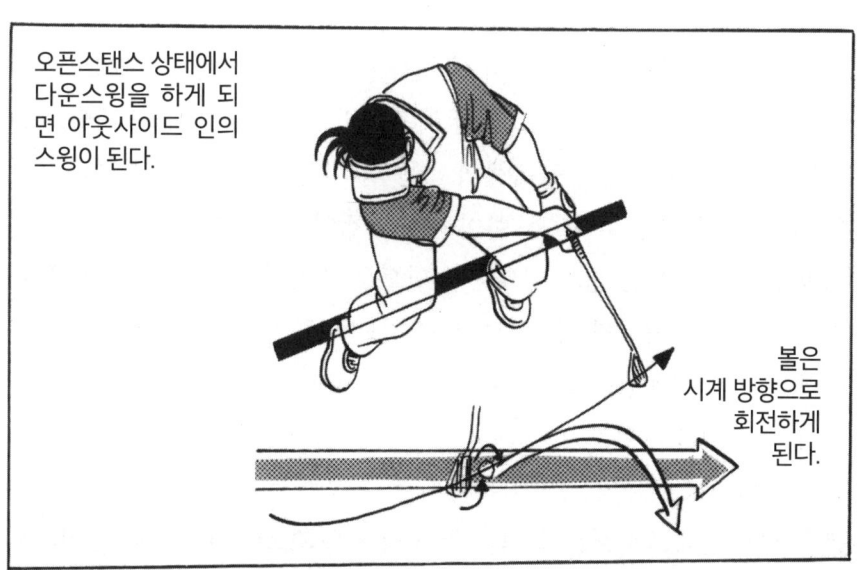

정리③ 훅이 나는 원인과 그 대책

스퀘어 스탠스를 취하고 나름대로 인사이드 인의 스윙을 했는데도 훅볼이 나는 경우가 있다. 또한 그러한 훅볼을 방지하기 위해 의도적으로 오른쪽을 향해 밀어쳤는데도 훅볼이 나는 경우가 있다. 자신은 분명히 밀어친다고 생각했지만 실제로는 아이언 샷을 잡아당겼기 때문이다.

이렇게 되는 이유는 상체(어깨와 팔)만으로 스윙을 하기 때문이다. 즉 허리 돌려 주기(다운스윙 시 손을 내리는 것보다 허리를 먼저 돌려 주는 것)를 하지 않기 때문에 임팩트에서 손목이 뒤집어지는 것이다.

허리 돌려 주기 없이 손이 내려오면 스윙 궤도가 안쪽에서 바깥쪽으로 나가는 인사이드 아웃의 궤도를 그리게 된다. 임팩트 시 손목이 뒤집어지면 볼은 시계 반대 방향으로 회전을 주게 되어 왼쪽으로 휘는 훅볼이 된다.

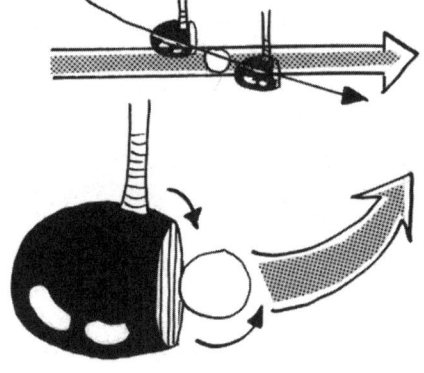

허리 회전 없이 어깨와 팔로만 스윙을 하면 손목이 뒤집어진다.

인사이드 아웃의 스윙은 볼을 시계 반대 방향으로 회전시켜서 왼쪽으로 휘는 훅볼이 되게 한다.

훅볼을 방지하려면 다운스윙 시 몸 전체를 이용해야 한다. 백스윙 시 손 → 어깨 → 허리 → 다리 → 발순(개인마다 순서의 차이가 있을 수 있음)으로 움직였다면, 다운스윙은 그 반대인 발 → 다리 → 허리 → 어깨 → 손의 순서(반드시 이 순서로 해야 함)로 움직여야 한다. 특히 허리를 최대한 왼쪽으로 돌려 주는 것이 먼저 이루어지면 손은 자연스럽게 따라 내려오게 되므로 하체에 의한 스윙이 된다. 이렇게 되면 볼이 왼쪽으로 휘는 훅볼이 될 것 같지만, 실제로는 인사이드 인의 스윙이 되므로 볼은 똑바로 날아가게 된다.

[훅의 예방 : 다운스윙은 백스윙 순서와 정반대로 한다]

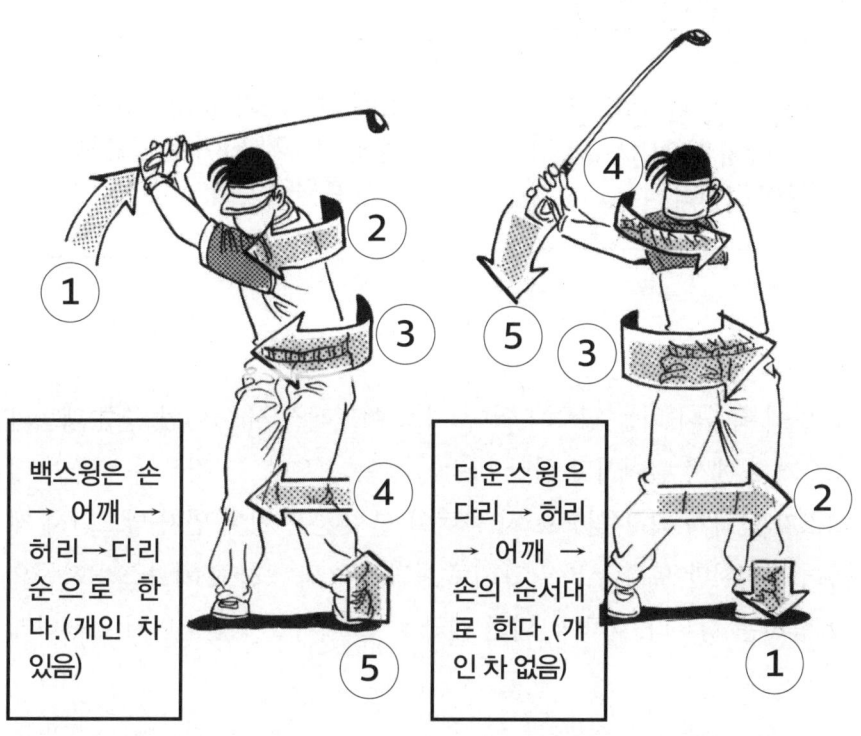

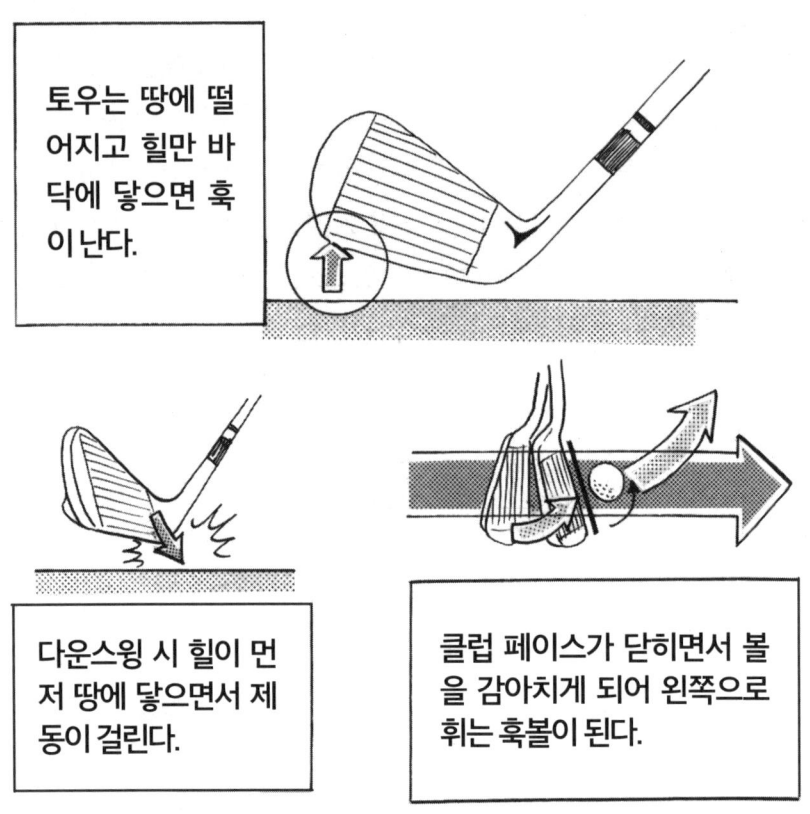

그 밖에 훅볼이 되는 경우가 있다. 바로 어드레스 시 아이언 클럽 헤드의 토우가 땅에서 떨어지고 힐만 바닥에 닿는 경우다. 이 경우에는 클럽 페이스가 닫히게 되고 임팩트 시 클럽의 힐 부분은 땅에 먼저 닿으면서 제동이 걸리지만 토우 부분은 그대로 통과하게 되어 클럽 페이스가 자동으로 닫히는 경우다. 이렇게 되면 결국 클럽 페이스가 닫히면서 스윙하게

되어 볼을 감아 치는 상황이 연출된다. 물론 볼은 시계 반대 방향으로 회전을 먹게 되어 결국 왼쪽으로 휘는 훅볼이 된다.

그러나 이 경우 교정 방법은 간단하다. 클럽의 바닥 전체를 고르게 지면에 대어 토우와 힐이 모두 수평을 이루도록 하는 것이다.

정리④ 드로 볼을 치는 방법

볼을 의식적으로 왼쪽으로 휘도록 치는 볼을 드로 볼이라고 한다. 즉 자신이 의도하지 않았는데 왼쪽으로 휘는 볼은 훅볼이고, 의도했다면 드로 볼이다.

인사이드 아웃의 스윙은 볼을 시계 반대 방향으로 회전시키므로 왼쪽으로 휘는 훅볼이 된다.

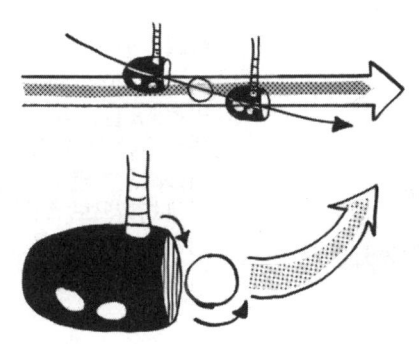

인사이드 아웃의 스윙을 위해서는 목표의 오른쪽을 향해 클로즈드스탠스를 취한다.

테이크 백을 할 때 클럽 헤드는 라인 안으로 들어오며, 손은 몸 가까이로 당겨 준다.

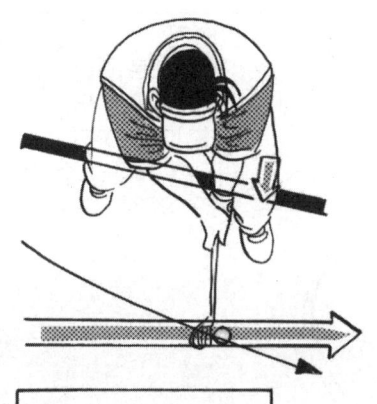

왼발이 오른발보다 앞으로 나간다.

다운스윙 시 인사이드 아웃의 스윙이 되면서, 오른손이 왼손 위로 덮이면 클럽 페이스가 닫히면서 시계 반대 방향으로 스핀이 걸리게 되어 볼은 왼쪽으로 휘게 된다.

왼쪽으로 휘는 드로 볼을 치면, 타깃 라인상의 나무를 지나갈 수 있죠.

드로 볼을 치는 방법은 간단하다. 의도적으로 훅볼을 만들면 된다. 즉 인사이드 아웃의 스윙을 하면 된다. 그러기 위해서는 왼발이 오른발보다 약간 앞으로 나오는 클로즈드스탠스로 바꾸면 된다. 물론 클럽 페이스는 목표와 직각이 되도록 유지한다. 그러한 상태에서 스윙을 하게 되면 인사이드 아웃의 스윙을 하게 되어 볼을 시계 반대 방향으로 회전시키게 된다. 결국 볼은 시계 반대 방향인 왼쪽으로 휘는 볼이 된다. 즉 의도적으로 드로 볼을 친 것이다.

[의도하는 볼을 치려면 그 반대 방향으로 스탠스를 해야 한다]

일정한 톱의 위치를 만드는 방법

주말골퍼들의 스윙이 일정하지 않은 이유 중 하나는 바로 톱스윙이 일정치 않다는 데 있다. 즉, 어떤 때는 톱스윙 이전에 다운스윙이 이루어지고, 또 어떤 때는 톱스윙이 오버된 뒤에 다운스윙이 이루어지기도 한다.

이때 골프채가 목표 방향을 오버하면 슬라이스가 나기 쉽다.

반대로 목표 방향에 미치지 못하면 훅이 나서 낮은 볼이 되기 쉽다.

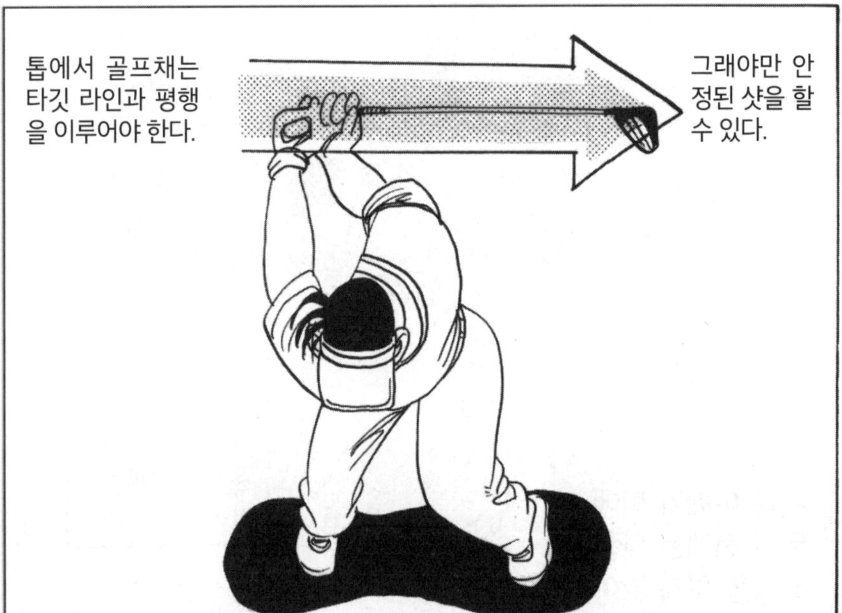

톱에서 골프채는 타깃 라인과 평행을 이루어야 한다.

그래야만 안정된 샷을 할 수 있다.

톱스윙의 위치를 일정하게 하는 비결은 바로 백스윙 시 돌려 주는 왼쪽 어깨에 있다. 왼쪽 어깨를 90도 이상 돌려 주면 왼쪽 어깨가 자신의 턱에 닿게 된다. 바로 이때가 톱스윙에 이른 것이다. 그러므로 왼쪽 어깨가 턱에 닿기 전에는 다운스윙을 하지 않아야 한다. 그래야만 일정한 스윙을 할 수 있다.

왼쪽 어깨가 자신의 턱에 닿을 때가 바로 톱 스윙 위치다.

90도 이상 돌려 주어야!

왼쪽 어깨가 턱에 닿기 전에는 다운 스윙을 하지 말아야 한다.

오버 스윙을 교정하는 법

왼쪽 어깨를 90도 이상 잘 돌려 주었는데도 톱스윙이 오버되는 원인은 바로 왼쪽 팔꿈치에 있다. 제대로 된 톱스윙에서의 왼쪽 팔꿈치는 펴져 있지만, 오버 스윙이 되는 주말골퍼들의 왼쪽 팔꿈치는 대부분 지나치게 구부러져 있다.

팔로만 스윙을 하게 되면 왼쪽 팔꿈치가 구부러지게 된다.

오버 스윙이 된다.

이러한 오버 스윙을 교정하려면 왼팔을 편 채 상체로 백스윙하는 것이다.

왼팔을 펴준다.

왼팔을 펴 준 채 상체로 백스윙을 해야 일정한 톱이 가능해 진다.

톱 상태에서 잠기 멈춘 듯이 보여도 왼발로의 체중 이동은 이미 시작된 것이다.

이러한 오버 스윙의 교정법은 간단하다. 바로 왼쪽 팔꿈치를 구부리지 말고 상체로 백스윙을 주도하는 것이다. 그러면 오버 스윙은 바로 교정된다. 나이가 들어 어깨가 90도 이상 회전하지 않는 경우에도 왼쪽 팔꿈치는 지나치게 구부리지 않아야 한다. 그래야만 톱스윙의 위치가 일정하게 유지되어 늘 일정한 스윙을 유지할 수 있기 때문이다.

백스윙 시 왼쪽 어깨는 턱 밑으로 와야 한다

백스윙 시 왼쪽 어깨를 90도 이상 돌려야 좋은 스윙이 된다는 것은 아무리 강조해도 지나치지 않다. 그러나 이때 왼쪽 어깨는 반드시 턱 밑에서 돌아야 한다. 그래야만 볼을 끝까지 볼 수 있어 좋은 스윙을 할 수 있으며 스윙면 또한 업 라이트하게 유지할 수 있다.
주말골퍼들의 경우, 왼쪽 어깨를 90도 이상 돌리는 데만 신경 쓰다가 왼쪽 어깨가 치켜 올라가 턱을 밀어 버리는 것을 종종 볼 수 있다.

이렇게 되면 머리 고정은 고사하고 볼을 보는 시야까지 가려지게 된다. 당연히 미스 샷이 유발되는 것은 말할 것도 없다. 따라서 백스윙 시 왼쪽 어깨는 턱 밑으로 돌게 해야 한다.

어깨를 90도 이상 돌려 주되, 턱 밑으로 돌려 준다.

볼을 보면서 스윙을 해야 좋은 스윙이 나온다.

왼쪽 어깨가 턱에 닿을 때가 바로 백스윙 톱

백스윙이 언제 톱에 갔는지를 모르는 주말골퍼들이 의외로 많다. 만일 왼쪽 어깨의 회전이 충분한데다, 턱 밑으로 회전이 되는 주말골퍼라면 톱스윙 위치를 찾는 것은 그다지 어렵지 않다. 백스윙이 톱에 이르면 왼쪽 어깨가 턱에 닿게 된다. 반대로 왼쪽 어깨가 턱에 닿으면 백스윙 톱에 이른 것이다.

왼쪽 어깨가 턱에 닿을 정도로 백스윙을 할 수 있다면 다운스윙도 자연스럽게 이루어져 좋은 스윙을 할 수 있다.

백스윙 시 왼쪽 어깨가 턱에 닿는 순간이 바로 백스윙 톱 위치다.

코킹은 엄지손가락 방향으로 한다

스윙의 전 과정이 괜찮은데도 슬라이스나 훅이 난다면 코킹을 한 번 점검해 볼 필요가 있다.

백스윙 톱 상태에서 왼손의 코킹 상태가 엄지손가락 쪽을 향하고 있다면 슬라이스나 훅이 발생하지 않는다. 그러나 코킹한 왼손이 엄지손가락 쪽이 아니라 손등 쪽으로 꺾여 있다면 잘못된 코킹이다. 이렇게 되면 다운스윙 시 임팩트를 위해 손등을 다시 펴야 하는 쓸데없는 동작을 하기 때문에 슬라이스가 발생하게 된다.

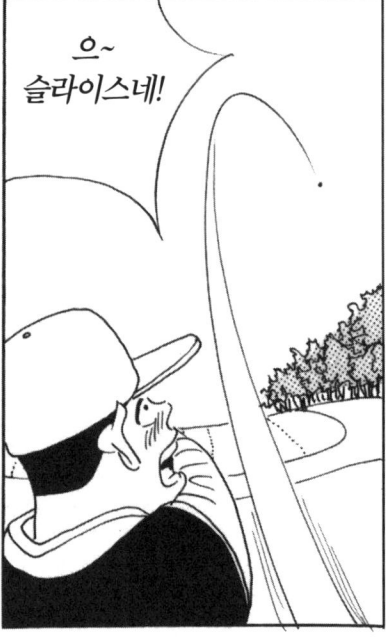

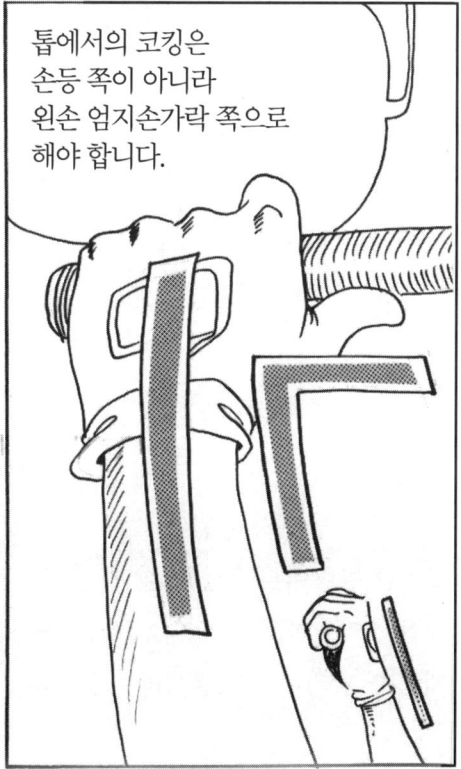
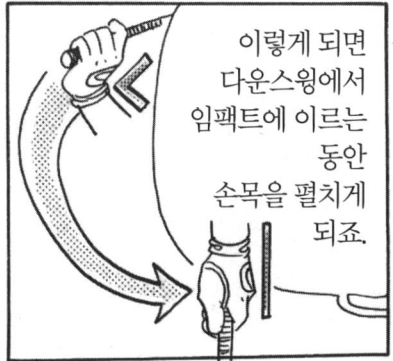

반대로 손목 안쪽으로 코킹이 되었다면, 임팩트 시 손목을 다시 펴야 하므로 훅이 발생하게 된다.

코킹은 방향이 매우 중요한데, 반드시 엄지손가락 쪽으로 꺾어야만 한다. 왼쪽 손가락 쪽으로 꺾는 코킹을 하면 골프 클럽이 인사이드에서 내려오게 되어 슬라이스가 발생하지 않는다.

백스윙 시 오른쪽 다리를 펴면 유연성을 잃는다

어드레스 자세가 잘됐는데도, 스윙 시 어깨 회전이 잘 안 되고 허리가 뻣뻣한 경우를 한두 번쯤은 경험해 봤을 것이다. 이런 경험을 한 주말골퍼라면 반드시 자신의 테이크 백 시 오른쪽 다리가 펴지는지를 살펴보아야 한다.

백스윙 시에는 오른쪽 다리를 굽힌 채로 어깨와 허리가 돌아가야 한다. 그래야만 머리도 일정한 높이를 유지할 수 있다.

백스윙할 때 오른쪽 다리가 똑바로 펴지면 상체가 왼쪽으로 기울어 허리의 유연성이 거의 상실된다. 그에 따라 어깨 회전이 이루어지지 않게 되고, 결국은 힘 없는 스윙이 되고 만다.

이러한 결점을 고치고 힘 있는 스윙을 하기 위해서는 오른쪽 다리를 굽힌 채로 백스윙을 하면 된다. 어드레스 자세에서 구부렸던 무릎의 각도를 그대로 유지하면서 테이크어웨이하는 것이 바로 부드러운 허리와 어깨 회전의 비결이 된다. 또한 오른쪽 무릎을 구부려야만 체중 이동이 제대로 이루어질 수 있다.

스웨이가 고쳐지지 않을 때

백스윙 시 어느 정도의 머리 이동은 결코 나쁜 것이 아니다. 그러나 이것이 지나쳐 임팩트 시 볼이 맞는 부위가 일정치 않다면 큰 문제다. 스웨이가 심해서 볼을 제대로 볼 수 없기 때문이다. 주말골퍼들이 가장 흔하게 겪는 스웨이는 백스윙 시 머리가 오른쪽으로 심한 경우 20cm 이상 밀려 나가는 것이다.

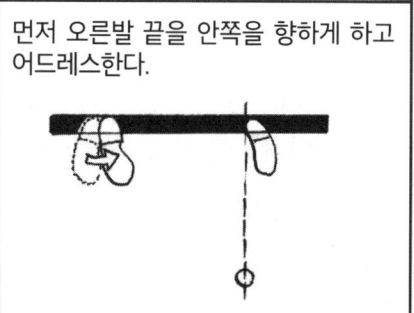

스웨이가 심해서 타격이 일정치 않을 경우는 반드시 교정해야 하는데, 그 방법은 간단하다. 어드레스 시 오른발을 안쪽으로 향하게 한 뒤 1시간 정도 스윙 연습을 하는 것이다. 오른쪽 다리를 안쪽으로 향하게 하면 백스윙 시 자신의 머리가 얼마나 스웨이됐는지를 느낄 수 있다. 이렇게 스웨이의 느낌을 느꼈다면, 다시 스퀘어 스탠스를 취한 뒤 스윙을 하는 것이다. 그러면 클럽과 볼이 맞는 지점이 일정해지는 것을 알 수 있게 된다.

백스윙 시 오른쪽 발바닥은 바닥에 고정한다

클럽이 볼을 정확하게 치지 못하면, 백스윙할 때 자신의 오른쪽 발바닥이 바닥에 붙는지를 살펴볼 필요가 있다. 오른쪽 발바닥이 바닥에 고정된 채로 백스윙이 이루어지면 허리의 긴장을 유지할 수 있다. 이렇게 되면 다운스윙 시 허리의 힘을 이용해 클럽 헤드에 가속을 붙이기 쉽다. 그런데 이때 오른발을 움직인다면 어떻게 될까?

백스윙 시 오른발이 움직이면 스웨이가 생긴다.

스웨이가 발생하면 볼을 똑바로 보지 못해 헛스윙을 할 수 있다.

결국 다운스윙 시 클럽 헤드를 가속시킬 힘이 없으므로 임팩트가 약해진다. 백스윙을 하는 동안에는 반드시 오른쪽 발이 바닥과 붙었다는 생각으로 스윙해야 한다.

허리는 돌리는 것이다

주말골퍼들은 슬라이스 구질에서 하루 빨리 탈출하고 싶다. 그래서 슬라이스를 고치기 위해서 온갖 노력을 아끼지 않는다. 그런데도 슬라이스를 좀처럼 고치지 못하는 주말골퍼들의 경우는 거의 '허리 돌리기'를 제대로 이해하지 못하는 경우가 대부분이다.

'허리 돌리기'란 말 그대로 백스윙 시 허리를 돌리는 것(=회전)이다. 그런데 주말골퍼들의 스윙을 보면, 대부분 허리를 돌리는 게 아니라 왼쪽 허리 부분이 앞으로 나가는 듯하면서 아래로 내려가고, 오른쪽 허리는 위로 올라간다.

[잘못된 허리 회전]

주말골퍼들의 허리는 비스듬하다.

제대로 허리가 돌아간 백스윙은 허리가 수평을 이룬 상태에서 허리가 회전한다. 그렇게 되면 백스윙 톱 상태에서 왼쪽 무릎이 저절로 볼보다 훨씬 뒤로 가게 되고 오른쪽 다리로 체중이 실리게 된다. 그러나 허리를 돌리지 못하고 그저 왼쪽 허리를 내리기만 한 경우에는 왼쪽 무릎이 공 위로 오는 정도밖에 되지 않는다. 그만큼 다운스윙이 약하게 되는 것을 알 수 있다. 또한 허리가 위아래로 움직이면서 다운스윙이 이루어지면서, 스윙 궤도가 아웃사이드 인의 스윙이 되어 결국 볼은 슬라이스가 된다.

[제대로 된 허리 회전]

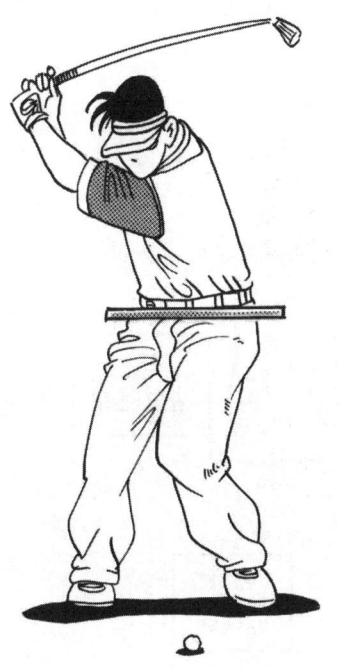

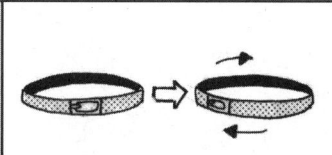

허리 회전을 제대로 하면 허리가 수평으로 돈다.

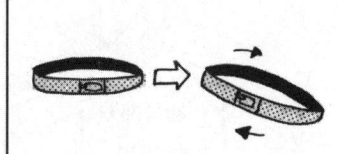

허리 회전이 잘못되면 허리가 기우뚱하게 돈다.

다운스윙 시 오른쪽 겨드랑이를 붙인다

골프 스윙을 천천히 하는 것은 결코 결점이 아니다. 오히려 장점이 될 수 있다. 반면에 조급하게 스윙하는 것은 최악의 단점이 될 수 있다.

그런데 스윙을 천천히 한다는 마음으로 해도 저절로 빨라지는 것을 느낄 수 있다. 다운스윙 시에도 그 원리는 그대로 적용된다. 힘을 비축해서 천천히 다운스윙을 하다가 임팩트에서 최고의 힘이 나와야만 올바른 스윙이 가능해진다.

[잘못된 힘 넣기]

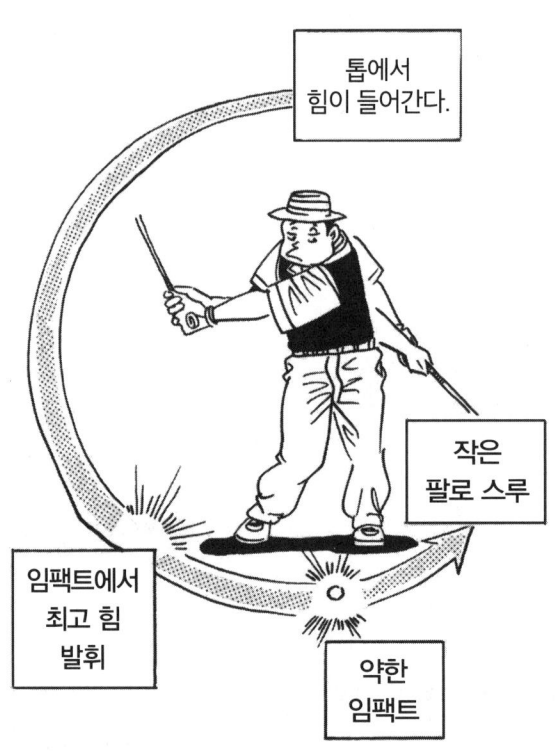

대부분의 주말골퍼들은 다운스윙 초기에 어깨에 힘이 들어가게 되고, 그 결과 임팩트 이전에 최고 힘이 발휘된다. 결국 임팩트 시에는 힘이 빠진 스윙이 되어 자신의 힘에서 70~80%도 못 내게 되는 것이다.
이 조급한 다운스윙을 막는 간단한 방법이 있다. 다운스윙 시 오른쪽 겨드랑이를 붙이면 자연스럽게 양팔에 힘이 서서히 들어가게 되고, 임팩트에서 클럽 헤드의 속도가 최고가 되는 굿 샷이 가능해진다.

[올바른 힘 넣기]

다운스윙 시 양 무릎을 굽혀 준다

다운스윙 시에는 왼쪽 다리에 체중을 실어야 한다. 그런데 왼쪽 다리에 체중을 실어야 한다는 강박관념 때문에 의식적으로 왼쪽 다리를 펴는 주말골퍼들이 많다.

이처럼 왼쪽 다리를 편 채 스윙하는 골퍼들은 대부분 볼을 제대로 맞히지 못한다. 그 이유는, 다운스윙에 들어가자마자 왼쪽 다리를 펴게 되면 몸이 쭉 펴지기 때문에 클럽 헤드가 볼에 닿지 못하는 것이다. 즉 양무릎을 구부리고 어드레스를 해서 볼과의 거리를 맞췄지만, 다운스윙 시 왼쪽 다리가 펴짐에 따라 그만큼 볼과의 거리가 멀어졌기 때문이다.

다운스윙 시 왼쪽 무릎을 펴 주면 그만큼 볼과 손과의 거리가 멀어진다.

이것을 고치기 위해서는 다운스윙이 시작될 때 양 무릎을 살짝 굽혀 주는 것이다. 그래야만 어드레스 시 맞혔던 볼과의 거리가 같아지기 때문이다. 그렇게 굽힌 자세를 임팩트 시에도 그대로 유지한다. 그리고 나서 임팩트 이후 팔로 스루가 되면서 왼발이 자연스럽게 펴져야 한다.

[다운스윙이 시작되면 양 무릎을 약간 굽혀 준다]

양쪽 무릎을 약간 굽혀 주어야만 어드레스 시 유지했던 볼과 손과의 거리가 같아진다.

다운스윙 시 왼쪽 무릎을 어드레스 때로 돌아가라

다운스윙 시 왼무릎을 펴 주지 않는데도 힘 있는 스윙을 못하는 이유는 단 한 가지, 바로 왼쪽 무릎이 전혀 움직이지 않기 때문이다.

골프는 온몸으로 하는 운동이다. 팔만으로 스윙하는 것이 아니라 허리와 하체의 움직임을 통한 힘의 통일이 필요한 게임이다. 만일 왼쪽 무릎이 목표를 향해 어드레스 때의 위치로 움직이지 않고 그대로 자세를 유지하게 되면, 팔이 내려오면서 코킹이 일찍 풀리게 되고, 결국은 힘없는 임팩트가 되어 버린다.

[왼쪽 무릎의 움직임이 없는 경우]

왼쪽 무릎이 움직이지 않은 채 다운스윙이 되면 미스샷이 난다.

다운스윙 시 왼쪽 발은 매우 중요한 역할을 한다. 우선 다운스윙 초기 양 무릎을 굽혀 주었다면, 이후 왼쪽 무릎이 목표를 향해 움직이기 시작하면서 팔이 내려와 주어야 한다. 그래야만 왼손이 코킹을 유지한 채 내려오기 쉬우며, 그러한 코킹은 힘 있는 임팩트를 위해서는 필수적인 것이기 때문이다.

볼의 뒷면을 보라

주말골퍼들이 필드에 나가 티샷을 할 때도 좋은 샷은 이미 어드레스에서 결판난다. 즉 어드레스가 좋은 사람일수록 좋은 샷을 할 확률이 높다는 것이다. 그런데 대부분의 주말골퍼들이 어드레스에서 볼의 꼭대기를 본다. 골퍼가 임팩트하는 지점은 볼의 꼭대기가 아니라 볼의 뒷면이다. 자신이 쳐야 할 곳을 똑바로 보아야 제대로 된 스윙이 된다.

어드레스 시에는 반드시 볼의 뒷면을 보아야 한다. 그곳이 바로 자신이 쳐야 하는 부분이기 때문이다. 볼의 뒷면을 보면서 어드레스 자세를 취하면, 이후 백스윙 다운스윙에 이르기까지 시선은 계속해서 볼의 뒷면을 향한다. 그렇게 되면 클럽이 인사이드에서부터 움직여 볼의 아래에 닿는 샷이 가능해진다.

볼의 뒷면을 보면 인사이드 인의 스윙이 가능해진다.

볼은 반대 방향으로 날아간다

골프의 묘미는 자신의 의도와는 정반대의 결과가 나온다는 데 있다. 분명히 슬라이스를 위해 오른쪽을 향해 볼을 쳤는데 볼은 그 반대편으로 간다. 즉 훅이 난 것이다. 도대체 왜 그럴까? 왼쪽으로 보내고 싶으면 오른쪽을 향해 쳐야 한다고 외우면 된다고만 생각하면 골프 실력은 늘지 않을 것이다. 항상 의문을 갖고 해결책을 찾다 보면 싱글 진입이 빨라진다.

이제부터 슬라이스를 원할 때 왜 훅 방향으로 쳐야 하는지 알아보자. 오른쪽으로 휘는 슬라이스를 치고 싶다면 볼이 오른쪽(=시계 방향)으로 회전하면서 날아가도록 치면 되는 것이다. 반대로 훅을 치고 싶다면 볼을 왼쪽으로 회전시키면 된다.

오른쪽으로 휘는 슬라이스를 치고 싶다면, 아웃사이드 인의 스윙을 한다. 그러면 볼을 커트 인 하는 타법이 되어 볼은 시계 방향으로 회전하게 되어 오른쪽으로 휘는 슬라이스볼이 된다. 아웃사이드 인의 스윙을 하려면 왼쪽을 향해 오픈스탠스를 취하면 된다. 그러면 밖에서 안으로 들어오는 스윙 궤도를 만들 수 있다.

그렇다면 왼쪽으로 휘는 훅볼은 어떤 스탠스를 취해야 할까? 오른쪽을 향하는 클로즈드스탠스를 취하면 된다.

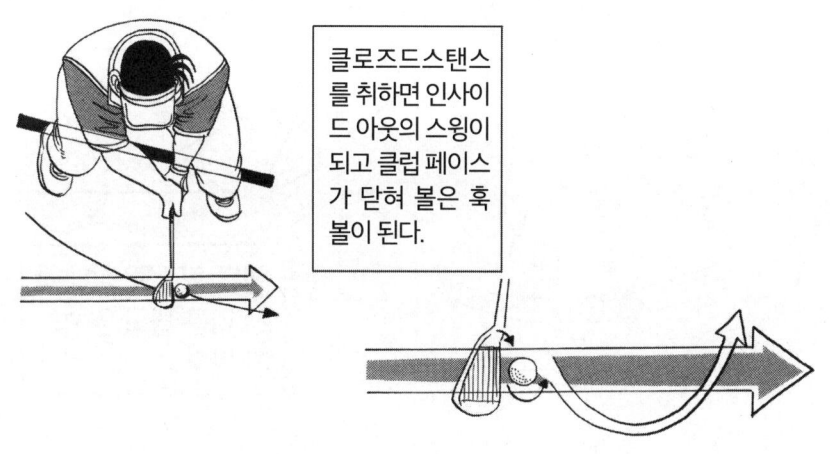

팔로 스루가 작다면 손목에 문제가 있다

팔로 스루가 작은 경우는 대부분 임팩트 직후 손동작에 문제가 있다. 먼저 임팩트 시 클럽의 상태를 보자. 힘 있는 임팩트 시에는 손과 클럽 헤드가 볼의 앞쪽(핸드 퍼스트)에 오는 것을 알 수 있다. 핸드 퍼스트 상태에서 볼을 히팅시킨 뒤에 클럽 헤드를 끌어당겨야만 힘있는 팔로 스루가 되어 장타가 가능해진다. 클럽 헤드를 끌어당기게 되면 왼쪽 손등과 오른쪽 손바닥이 목표를 향하게 되고, 결국은 큰 팔로 스루를 하게 된다.

[힘 있는 팔로 스루가 될 때의 임팩트]

그러나 힘 없는 임팩트가 되면 팔로 스루 역시 작아진다. 이때의 임팩트를 보면, 손과 클럽 헤드보다 뒤쪽에 오는 것을 볼 수 있다. 즉 클럽 헤드의 최고 스피드가 지난 뒤에 임팩트가 이루진 것이다. 결국 볼을 맞히는 데만 급급하게 되고, 힘없는 임팩트가 이루어지게 되어 손목이 일찍 돌아가게 된다. 손목이 일찍 돌아가면 팔로 스루 역시 작아질 수밖에 없다.

[힘 없는 팔로 스루가 될 때의 임팩트]

팔로 스루 시 오른쪽 다리는 과감하게 구부린다

주말골퍼들의 경우 스윙아크를 크게 할 수 있는데도 요령을 몰라서 못하는 경우를 많이 본다. 많은 주말골퍼들이 쉽게 스윙 아크를 크게 할 수 있는 방법 가운데 하나가 바로 팔로 스루 시 오른쪽 다리에 있다.

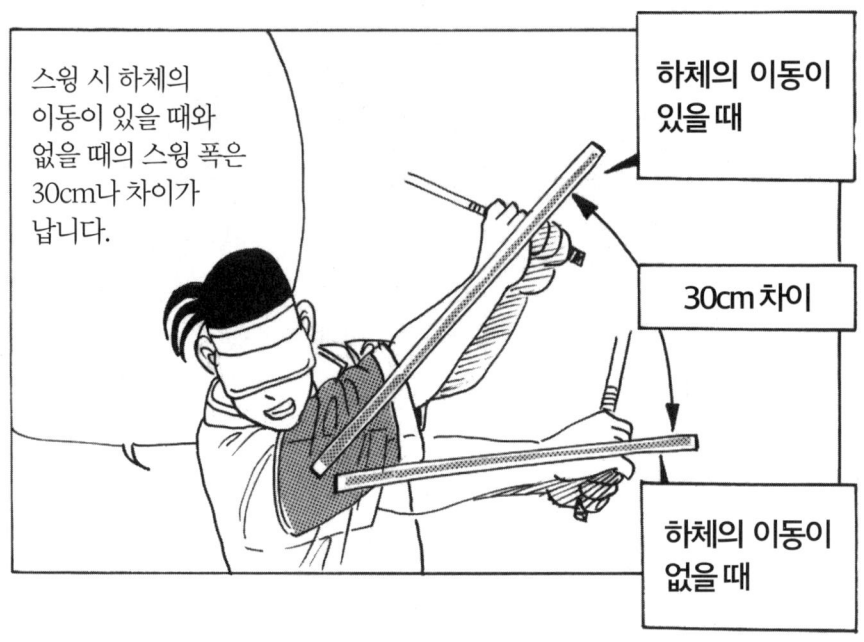

대부분 주말골퍼들의 팔로 스윙을 보면, 오른쪽 다리가 어정쩡한 상태에서 멈춰 선 것을 볼 수 있다. 이때 오른쪽 무릎을 목표를 향해 과감하게 구부려 주면 허리 회전 역시 부드러우면서도 크게 돌아가게 되어 스윙 아크가 저절로 커진다.

연습장에서의 샷은 실전이다

많은 사람들이 골프 연습장에서 스윙을 연습하지만 필드에서 스윙하듯 연습하는 사람은 드물다. 연습장이 필드가 아닌데 어떻게 필드처럼 하느냐고 반문할 수도 있다. 그러나 골프 스윙은 평소 연습한 것을 근육이 기억한 그대로 이루어지는 것이다. 연습할 때 느슨하게 스윙하면 필드에서도 느슨한 스윙만 하게 된다. 따라서 연습장에서도 클럽에서 휭휭~ 바람 소리가 날 정도로 빠르게 스윙해야 한다. "골프는 근육 운동이다. 평소에 근육에 스윙을 기억시켜 두었다가 실전에서 그대로 평소 근육을 이용한 스윙을 하는 것이다."

클럽 헤드의 최고 속도는 임팩트 바로 다음

많은 주말골퍼들이 롱 샷을 바란다. 하지만 롱 샷은 그저 희망사항으로만 끝날 뿐 실전에서는 좀처럼 쉽지 않다. 그 이유 가운데 하나는 다운스윙 시 제대로 힘을 넣지 못해서다.
주말골퍼들은 대부분 다운스윙 초기인 톱에서 이미 힘이 들어간다. 그렇게 되면 임팩트 이전에 클럽 헤드의 최고 속도가 이루어지고, 정작 임팩트 시에는 약한 임팩트가 이루어진다. 결국 팔로 스루도 작아진다.

힘을 올바르게 넣으려면, 톱에서 힘을 빼고 다운스윙하다가 양손이 오른쪽 어깨 위치에 왔을 때 힘을 넣는다. 그러면 임팩트가 강력해지면서 임팩트 직후 클럽 헤드의 스피드가 최고가 되어 팔로스윙 역시 커진다.

[올바른 힘 넣기]

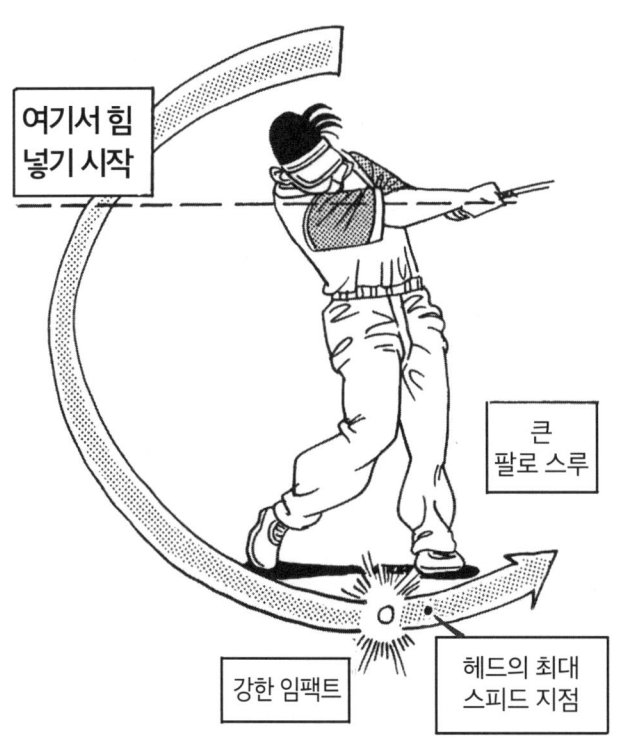

주말골퍼들의 밋밋한 팔로 스루

주말골퍼들의 팔로 스루를 보면 그야말로 밋밋하다.
고개를 약간 앞으로 내민 데다가 오른팔은 굽어 있고, 오른쪽 다리 역시 어정쩡하게 서 있어서 전혀 몸에 힘이 들어가지 않는다. 누가 봐도 장타와는 거리가 먼 자세다.

[주말 골퍼들의 밋밋한 팔로 스루]

프로들의 팔로 스루는 양손으로 목표를 향해 쭉 뻗어나가고, 오른쪽 무릎은 안쪽으로 들어간다. 몸은 전체적으로 활처럼 휘어 있어서 누가 보아도 온몸에 힘이 팽팽하게 펼쳐져 있음을 느낄 수 있다. 이때 머리는 어드레스 위치를 유지하기에 뒤로 젖혀진 것처럼 보인다.

힘 있는 팔로 스루의 핵심은 바로 머리에 있다. 머리를 숙인 채 볼보다 뒤에 있도록 유지하면서, 몸의 중심을 목표를 향해 이동하는 것이다.

[프로들의 팔로 스루]

머리는 임팩트가 완전히 끝날 때까지 어드레스 위치를 유지한다.

오른팔을 쭉 뻗어 힘 있는 팔로 스루를 한다.

왼발에 체중을 싣고 오른쪽 무릎이 왼발 쪽으로 들어간다.

머리를 일찍 들수록 볼품없는 팔로 스루가 된다

머리를 일찍 들면 팔로 스루에서 스윙 아크 역시 작아져 볼품없는 스윙이 된다. 바로 팔로만 스윙하는 전형적인 형태이다. 반면에 임팩트가 완전히 끝날 때까지 머리가 어드레스 위치를 유지하면서 아래를 향한다면(=볼을 향함) 그야말로 베스트 샷이 된다. 백스윙 시에 턱이 스윙 축을 따라 오른쪽으로 살짝 돌아가는 것은 자연스럽지만, 다운스윙 이후 팔로 스루에서 고개가 너무 일찍 들리면 좋은 스윙이 나올 수가 없다.

[머리를 든 뒤의 팔로 스루와 교정]

헤드업을 고치는 효과적인 연습법

골프 스윙에서 치명적인 결점은 헤드업으로, 헤드업 때문에 싱글에 이르지 못하는 골퍼들이 많다. 스윙 시 볼이 어디로 가는지 보고 싶은 충동을 버려야 하는데 그것이 마음대로 되지 않으니 어쩌랴. 하지만 헤드업은 생각보다 훨씬 큰 결점이다.

헤드업을 고치는 방법은 간단하다. 황혼녘에 해를 향해서 스윙을 하면 볼의 행방을 찾기 위해서 고개를 들 때마다 눈이 부셔서 볼을 보지 않게 된다. 이렇게 연습하면 자신도 모르는 사이에 볼을 보지 않게 되고, 결국은 헤드업이라는 치명적인 결점에서 벗어날 수 있다.

황혼에 해를 향해 스윙하면 눈부셔서 고개를 들지 않는다.

타깃 라인과 평행으로 서기

어드레스의 중요성을 잘 알면서도 어드레스를 제대로 하지 못하는 주말 골퍼들이 많다. 아무리 스윙이 정교하더라도 처음에 방향을 잘못 잡으면 볼은 목표가 아닌 곳으로 날아가 버린다.

볼을 원하는 곳으로 보내기 위해서는 어드레스 시 반드시 클럽 페이스가 목표와 직각이 되도록 유지하며, 볼이 클럽 페이스의 중앙에 오도록 한다. 이것만 제대로 지켜도 주말골퍼들은 한 라운드에서 최소 2타를 줄일 수 있다.

[올바른 스탠스]

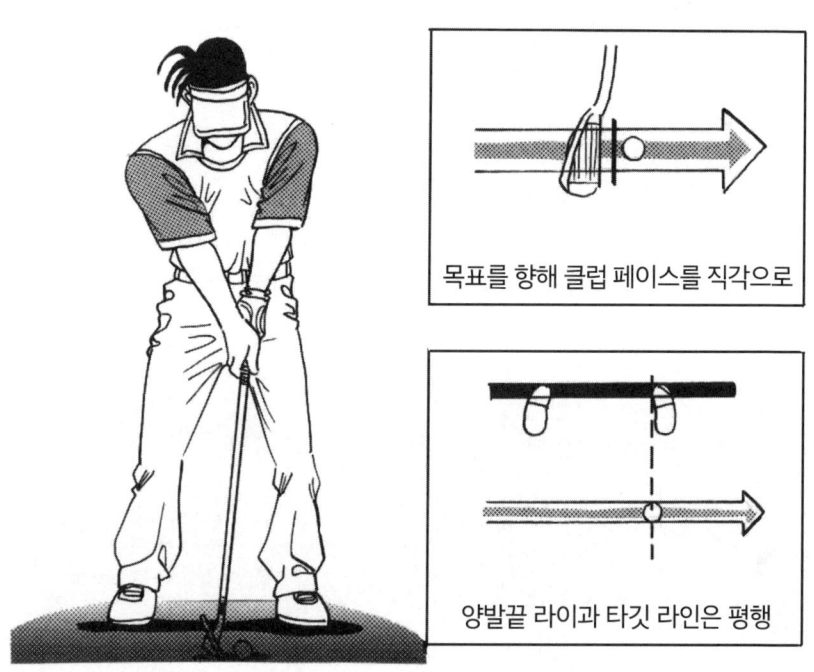

목표를 향해 클럽 페이스를 직각으로

양발끝 라인과 타깃 라인은 평행

3장
첫 홀 공략법

첫 홀 첫 티샷이 그날의 게임을 좌우한다

"급할수록 돌아가라."는 속담이 있다. 이 말보다 더 골프 스윙에 어울리는 말도 없다. 골프 스윙은 천천히 할수록 좋다. 급하게 할수록 실수를 하게 되는 것은 당연하다. 그런데도 많은 주말골퍼들이 필드에 나가서 첫 티샷을 할 때 이 말을 완전히 잊은 듯이 행동한다.

프로 골퍼들이 첫 홀에서 하는 행동을 살펴보자. 직접 페어웨이에 나가 볼 수 있다면 좋겠지만, 여러 사정으로 나갈 수 없는 주말골퍼들은 영상을 통해서 프로들의 첫 홀 티샷을 관찰해야 한다.

[프로의 티샷]

연습 스윙을 천천히, 완벽하게 한 뒤에 티샷을 한다.

프로들은 대부분 첫 티샷 전에 일정한 연습 타구를 한 뒤에 천천히 걸어가 스윙한다. 연습 스윙을 천천히, 고개를 치켜들지 않고 팔로스루도 완벽하게 한다. 그리고 연습 스윙 때 확인한 홀 전경을 다시 바라보면서 전략을 구상한 뒤 티샷을 한다. 반면 주말골퍼들은 대부분 연습도 하지 않고 성급하게 티에 간다. 연습 스윙을 한다 해도, 고개를 치켜들고 팔로 스루도 대충 해 버린다. 그리고 나서 스윙을 하니 버디나 홀인 원은커녕 보기나 더블 보기를 범하게 된다. 첫 홀에서 한두 스트로크를 빼앗기고 나면 그날 게임은 잘하기 힘들다. "급할수록 돌아가라"는 말을 명심할 필요가 있다.

[주말 골퍼의 티샷]

드라이버 샷의 기본은 타깃 라인과 평행하게 서는 것

드라이버는 티 그라운드에서 제1타를 치는 샷이다. 제1타가 멀리 갈수록 제2타, 제3타가 쉬워진다. 그러기에 모든 골퍼들이 장타를 달성하고 싶어 한다. 그러나 이러한 장타는 골프를 오래 친다고 해서 저절로 달성되는 것은 아니다. 기본을 충실히 익힘으로써 자신도 모르는 사이에 장타를 칠 수 있는 것이 바로 드라이버 샷이 주는 매력이다.

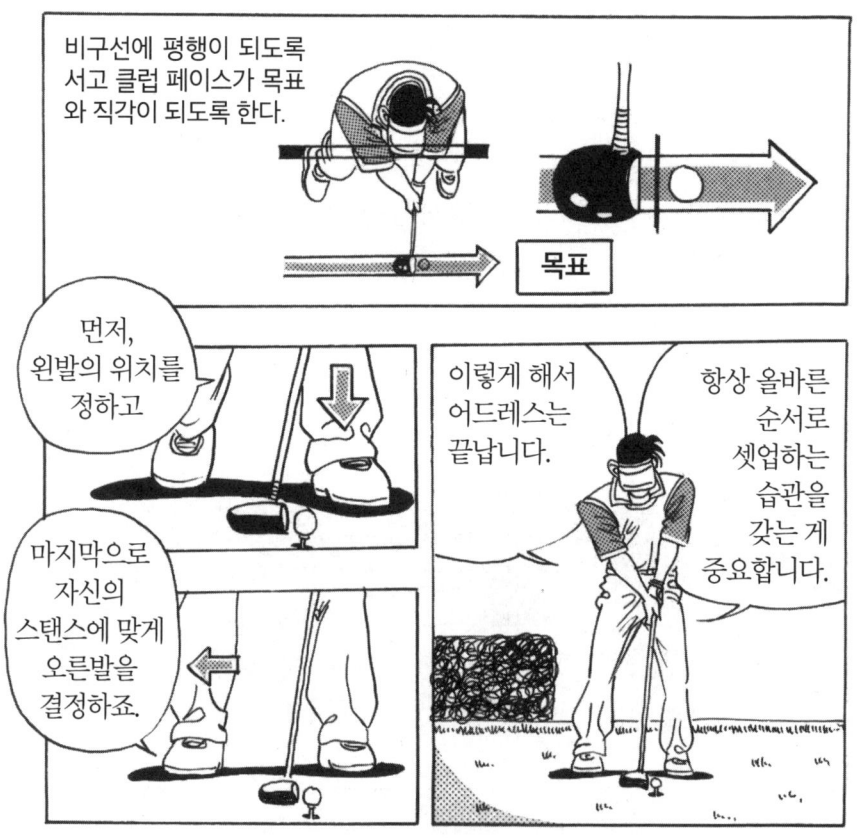

드라이버 샷의 기본 중에서 가장 중요한 것은 스탠스다. 타깃 라인과 두 어깨, 허리, 두 발의 라인이 반드시 평행을 이루어야만 한다. 또한 목표를 향해서 클럽 페이스를 직각으로 겨눠야만 좋은 스윙을 할 수 있다.

페어웨이가 좁을수록 긍정적으로 생각한다

코스에 나갔을 때 좁은 페어웨이에서 스윙을 해야 하는 경우가 종종 있다. 자칫 볼이 휘기라도 하면 그대로 숲으로 들어가 버릴 정도로 좁은 경우가 그것이다. 이럴 때 필요한 것이 바로 긍정적인 마음이다. 나는 할 수 있다는 긍정적인 마음. 그러면 어떻게 긍정적인 마음을 가질 것인가?

긍정적인 마음을 가지는 데도 순서가 있다. 우선 좁은 페어웨이 양측의 나무나 숲들은 일체 잊어버린다. 그 대신 그린 주변이나 뒤쪽에 자리 잡은 나무 등을 보면서 자신이 쳐야 할 곳의 목표를 정한다. 일단 목표를 정하고 나서는 목표물을 향해 집중한다. 그리고 그 목표물을 향해 나는 볼을 보낼 수 있다는 긍정적인 마음을 갖게 되면 페어웨이가 좁다는 것은 잊게 된다.

드로 볼과 페이드볼을 구사하라

당신이 지금 전장에 임하는 장군이라고 생각하자. 상대는 1만의 군사를 갖고 있는데 당신의 군사는 1천이라면, 당신은 결코 상대와 전면전을 치르지는 않을 것이다. 대신 게릴라식으로 치고 빠지는 전술을 택할 것이다. 반대로 당신의 군사가 10만이라면 당신은 곧바로 전면전을 치르거나 상대의 상황에 맞춰 병력을 일부만 두고 나머지는 다른 곳에 힘을 쓸 수도 있다. 즉 병력이 많은 만큼 선택할 수 있는 전략이 많아진 것이다.

골프도 마찬가지다. 코스에 나갔는데 자신이 구사할 줄 아는 볼이 언제나 한 가지밖에 없다면 전략 역시 한 가지뿐이다. 한 가지 전략으로만 골프에 임하게 되니 그만큼 위기에 빠지기도 쉽고 상대에게 뒤처지는 것이다.

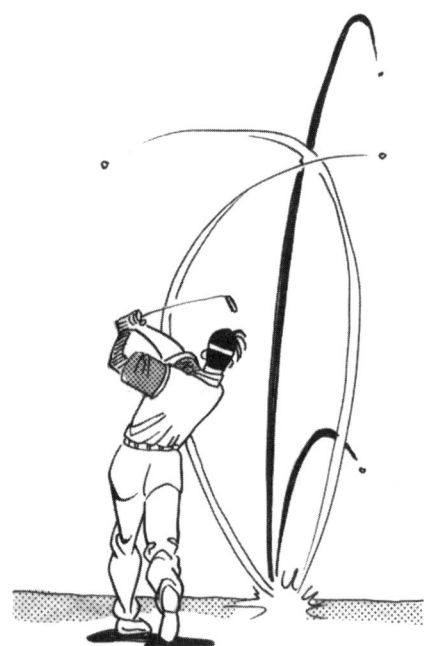

다양한 볼을 구사한다는 것은 그만큼 다양한 전술이 가능하다는 의미다.

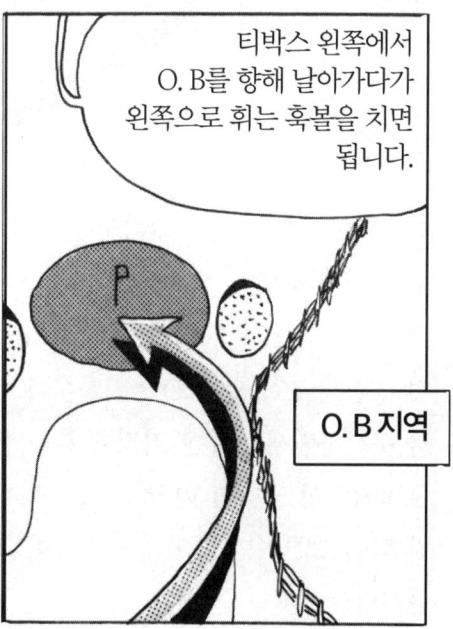

드로 볼과 페이드볼을 구사할 줄 알아야 코스에서 전략을 짤 수 있다.
코스 상황에 맞는 다양한 전략을 짤 수 있는 골퍼가 되기 원한다면, 드로 볼과 페이드볼 등을 자신이 원하는 대로 칠 수 있어야 한다. 그렇게 되면 그린 주변에 있는 O.B 지역이나 연못 같은 해저드를 피할 수 있는 볼을 구사하면서도 좋은 지점에 볼을 올릴 수 있다. 예를 들어 그린 왼쪽에 O.B 지역이 있다면 티 박스 오른쪽에서 그곳을 향해 치면서도 슬라이스가 되어 오른쪽의 페어웨이에 떨어질 수 있는 페이드볼을 칠 수 있기 때문이다.

드라이브 스윙의 핵심

첫 티샷은 매우 중요하므로, 드라이버 샷에서의 핵심을 정리할 필요가 있다.
드라이브 스윙의 핵심은 크게 3가지이다.
첫째, 양손으로 테이크 백을 할 때 손과 클럽이 하나가 되어 일직선을 이루어야 하는 것이다.

[손과 클럽의 일체감]

양손과 클럽이 하나가 된 테이크 백

둘째, 왼쪽 어깨가 턱 아래를 지나 90도 이상 돌려 준 톱스윙 상태에서 왼팔은 펴져 있어야 하고, 오른팔은 굽혀 있어야 한다.

[올바른 백스윙 톱]

왼쪽 어깨를 90도 이상 턱 아래로 돌려 주어야!

왼팔을 펴고 오른팔을 굽혀야!

셋째, 임팩트 시에 왼팔은 곧게 펴져 있어야 하며, 오른쪽 어깨는 턱 밑을 향해 가면서 오른쪽 무릎은 왼쪽 무릎을 향해야 한다.

눈을 감고 자신의 스윙을 생각하면서 위 세 가지 핵심이 제대로 이루어지는지 마음속으로 점검하면서 이미지 스윙을 하는 것도 스윙에 큰 도움이 된다.

[힘이 실린 임팩트]

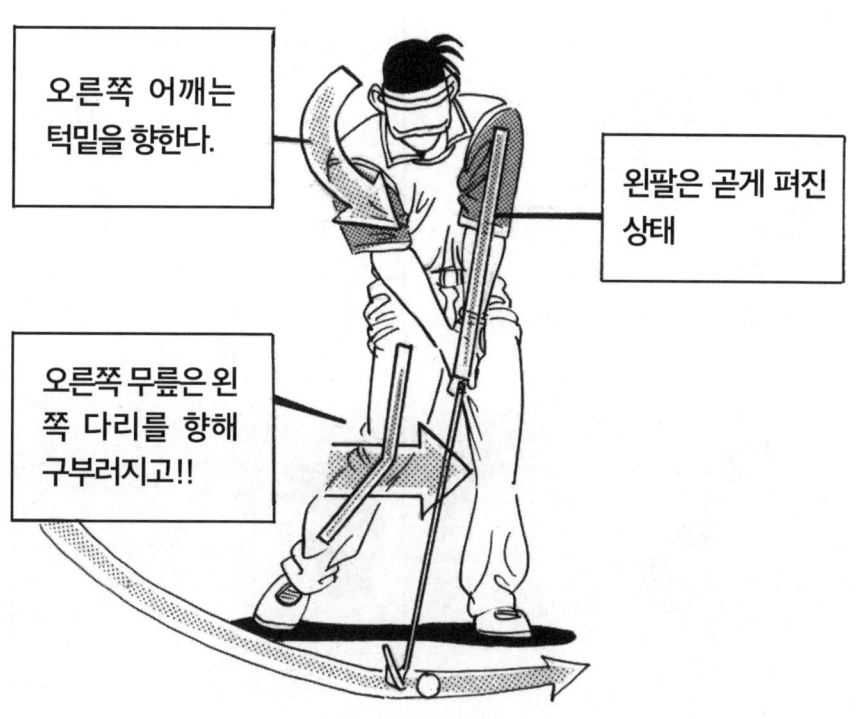

티 마커보다는 그린을 향해 티샷을 하라

페어웨이 방향이 티 마커 방향과 달리 왼쪽이나 오른쪽으로 되어 있는 경우가 있다. 이때 자신도 모르게 티 마커에 맞춰 티샷을 하는 습관 때문에 티샷한 볼이 나무 사이로 들어가는 경우가 있다. 이는 코스를 설계한 사람의 의도대로 어려운 상황을 향해 샷을 날리게 된 것이다.

[티의 방향과 그린의 위치가 다른 코스]

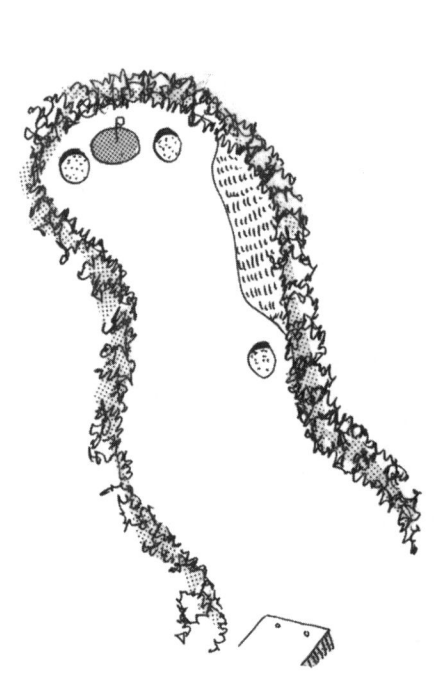

골프는 유혹에만 빠지지 않아도 최악의 상황은 면할 수 있는 게임이다. 티 마커와 라인 업이 페어웨이의 방향을 가리키지 않는다면, 그것을 철저히 무시할 줄 알아야 한다. 대신 지평선상에 보이는 깃대나 나무 등을 목표로 정하고, 그 목표를 향해 어드레스한 뒤 스윙을 하면 산뜻한 첫 출발을 할 수 있다.

정리⑤ 티 마커와 라인

티 마커와 라인은 티를 꽂을 수 있는 장소를 나타내는 것이지, 티 마커와 라인이 가리키는 방향을 향해 티샷하라고 있는 것이 아니다. 즉 티 마커 사이에서 티업을 하라는 것이며, 티 마커 뒤로 드라이버 2개를 연결한 범위 내라면 어느 곳이나 상관이 없다.

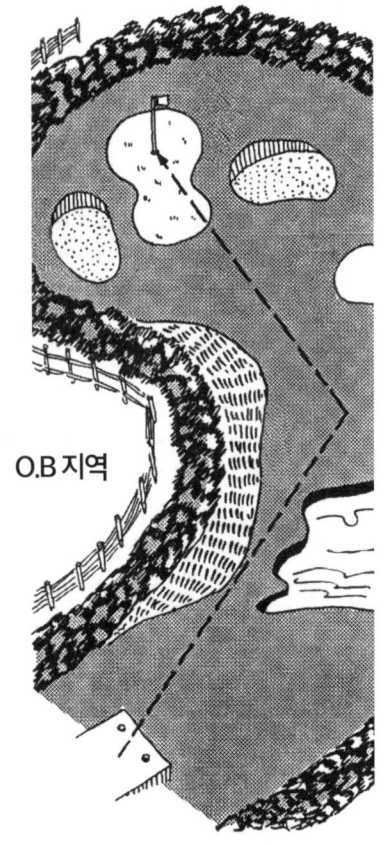

O.B 지역

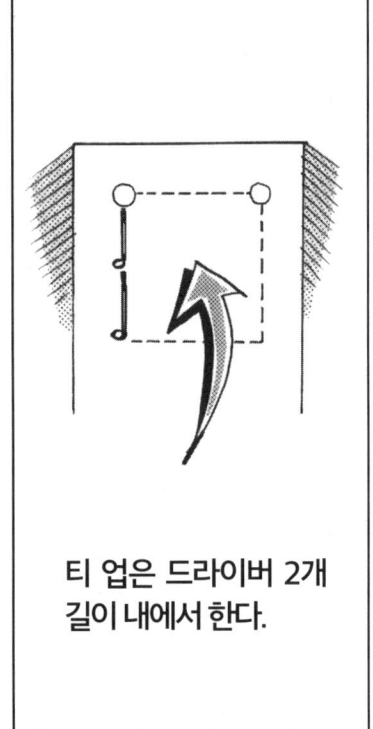

티 업은 드라이버 2개 길이 내에서 한다.

도그레그 홀의 경우, 본인의 비거리가 그린을 향해 날릴 정도로 충분히 자신이 있다면 티 마커를 연결한 라인과는 상관없이 옆 방향으로 볼을 날려도 상관이 없다.

[도그레그 홀에서의 티샷]

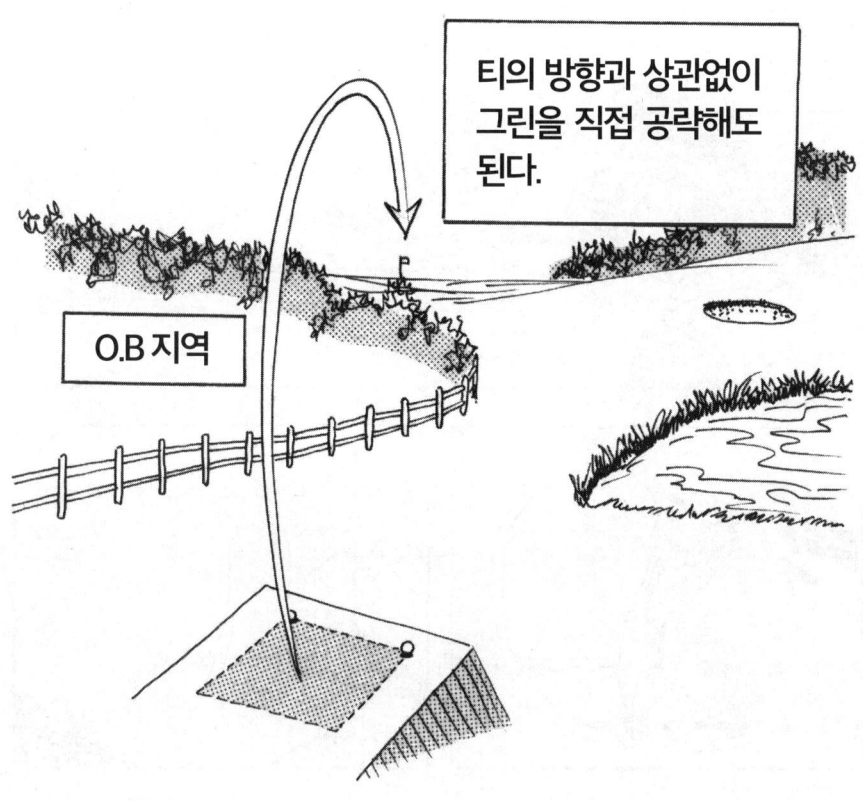

페어웨이가 좁을 때는 티를 낮춰라

페어웨이가 좁고 양옆으로 나무들이 죽 늘어선 경우에는 티업을 무조건 낮게 해야 한다. 왜 그럴까? 만일 티를 높게 해서 샷을 하게 되면, 볼이 높이 떠오르게 되고, 결국 공중에 떠 있는 시간이 길어진다. 이때 볼에 스핀이 걸려 슬라이스나 훅이 생기면 볼은 여지없이 나무 사이로 떨어지게 된다. 어떻게 하면 이러한 위험을 방지할 수 있을까?

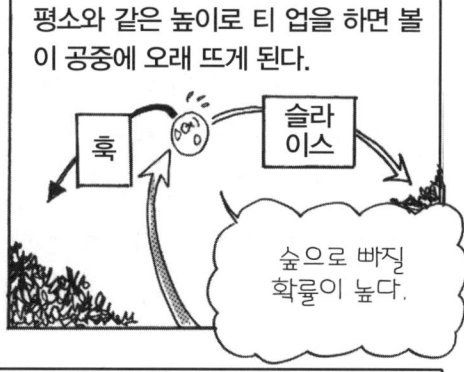
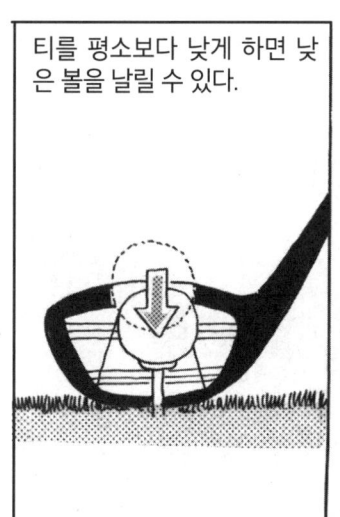

답은 간단하다. 볼이 공중에 오래 떠 있지 않도록 티샷을 하는 것이다. 그렇게 되면 볼이 슬라이스나 훅이 되더라도 빨리 땅에 떨어지므로 페어웨이에 떨어질 가능성이 그만큼 커지기 때문이다. 볼이 공중에 오래 떠 있지 않게 하려면 볼을 낮게 날려야 하며, 그러기 위해서는 티를 낮게 해야 한다.

페어웨이가 기울어져 있을 때

페어웨이가 기울어져 있을 때는 볼이 어디로 갈지를 머릿속으로 생각해야 한다. 티샷을 한 볼이 갈 수 있는 곳은 대략 다음의 3가지이다.
① 스트레이트로 중앙을 향할 때
② 훅볼이 나서 왼쪽으로 휠 때
③ 슬라이스가 나서 오른쪽으로 휠 때

그럼 각각의 경우 볼은 어디로 바운드될까? 물론 페어웨이가 경사진 것을 감안해야 한다. 페어웨이가 오른쪽에서 왼쪽으로 기울어져 있으므로 세 경우 모두 볼은 무조건 왼쪽으로 바운드될 확률이 높다.
① 스트레이트로 중앙에 떨어진 볼과 ② 훅이 나서 왼쪽을 휜 경우는 모두 볼이 바운드되어 왼쪽의 나무나 러프로 들어갈 확률이 90% 이상이다.
③ 슬라이스가 나서 오른쪽으로 휜 볼은 바운드되어도 페어웨이에 있을 확률이 90% 이상이다.

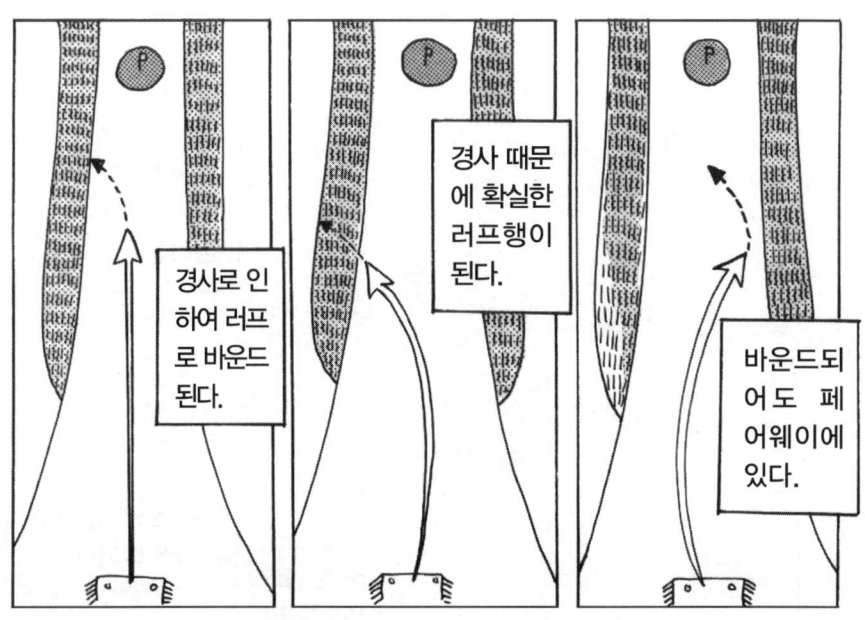

답은 나왔다. 바운드되어도 나무나 러프에 빠질 가능성이 적은 슬라이스 볼을 쳐야 한다. 단, 이런 전략을 실행에 옮기기 위해서는 페이드볼을 칠 수 있어야 한다.

비가 온 뒤 코스가 젖은 경우의 티샷

비가 온 뒤 코스가 젖은 경우에는 잔디에 물이 묻어 있어 볼이 바운드되는 거리가 무척 짧아진다. 이럴 경우 평소와 같이 티업을 하게 되면, 바운드가 적어져 평소보다 짧은 거리를 내게 된다. 참으로 억울한 일이다. 가뜩이나 비거리도 짧은데 어떻게 하면 거리를 늘릴 수 있을까?

답은 간단하다. 코스가 젖어 있을 때는 볼을 높이 띄워서 오래도록 공중에 머무르도록 하는 것이 핵심이다. 이를 위해서는, 어드레스 시 티를 높게 한 뒤 볼이 왼발 안쪽에 오게 한다. 이 상태에서 왼쪽 어깨를 오른쪽보다 상당히 높게 올려 주게 되면 체중이 왼발에 실리고, 스윙 궤도 역시 어퍼블로 스윙이 되어 볼은 높이 떠오르게 된다. 그렇게 되면 바운드가 적어도 볼은 평소 거리 만큼 나갈 수 있다.

10야드 더 날릴 수 있는 법

주말골퍼들이 파 4홀과 파 5홀에서 드라이버 샷을 평소보다 10야드 이상 더 날릴 수 있다면 버디나 이글의 가능성이 높아진다. 어떻게 하면 드라이버 샷에서 10야드를 더 낼 수 있을까?
평소에 하는 스퀘어 스탠스 상태에서는 10야드를 더 날릴 수 있는 스윙은 불가능하다. 이제부터 10야드를 더 날릴 수 있는 장타 비법을 살펴보자.

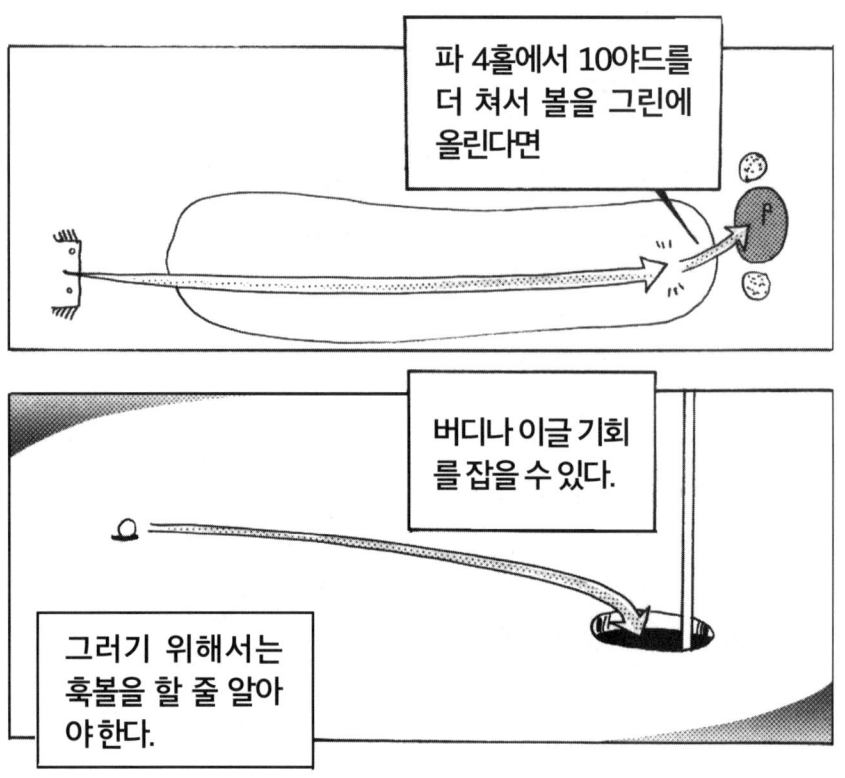

우선 목표에 대해서 클로즈드스탠스를 취하고 어드레스에 임한다. 그런 상태에서 스윙을 하는 동안 머리를 고정시킨 채 임팩트를 한다.

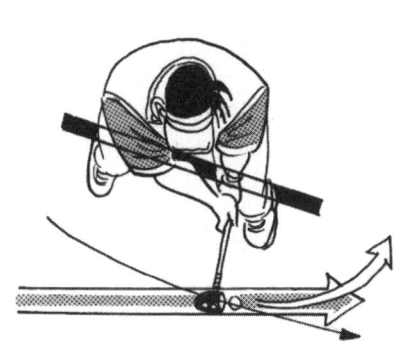

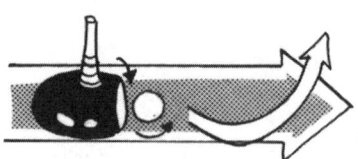

인사이드 아웃의 스윙은 볼을 시계 반대 방향을 회전시켜 훅볼이 되게 한다.

이때 임팩트 이후에 바로 오른쪽 손목을 왼쪽으로 틀어 준다는 생각으로 스윙을 진행하면 인사이드 아웃의 타법이 됨과 동시에 클럽 헤드가 약간 닫힌 상태로 히트하게 되어 볼은 시계 반대 방향으로 회전하여 훅볼이 된다. 결국 볼은 목표의 오른쪽을 향해 날아가다가 왼쪽으로 휘는 훅볼이 되는데, 훅볼의 특성상 10야드를 더 날아가게 된다.

오른 손목을 왼쪽으로 튼다.

내게 맞는 볼 고르기

볼에는 콤프레션이 있다. 콤프레션(Compression)이란, 임팩트 시 볼이 클럽 헤드의 충격 때문에 순간적으로 압축되어 왜곡되는데, 이때 압축에 대해서 볼이 반발하는 저항도를 표현하는 말이다. 콤프레션이 높을수록 저항도가 큰 것을 의미한다.

일반적으로 힘과 스피드가 강한 프로들은 콤프레션 100짜리 볼을 사용하고, 그보다 약간 떨어지는 프로들은 콤프레션 95짜리 볼을 사용한다. 주말골퍼들의 경우에는 스윙 스피드와 힘이 현저히 떨어지므로 85가 넘는 볼은 사용하지 않는 것이 좋다. 주말골퍼들이 자신에게 맞는 볼을 선택하기 위해서는 레슨 프로의 조언을 듣는 것이 최상의 선택이다.

힘과 스피드가 약한 주말 골퍼라면 콤프레션 85 이하를 사용해야!

파 3홀에서는 핀의 위치에 따라 클럽을 달리한다

주말골퍼들은 대부분 파 3홀에서 애용하는 아이언 클럽을 고집한다. 예를 들어, 7번 아이언으로 그린에 안착시킨 경험이 있다면 계속 7번 아이언만을 고집하는 경향이 있다. 그런데 파 3홀이라 해도 그린마다 핀의 위치가 다르다. 핀이 그린 앞쪽에 있을 때도 있고 뒤쪽에 있을 때도 있다.
평소 7번 아이언으로 그린 중앙에 안착시키는 골퍼라면, 핀이 그린 뒤편에 있을 때는 6번 아이언을 사용하여 볼을 더 멀리 보내는 것이 좋다. 반면에 핀이 그린 앞쪽에 위치한다면 당연히 8번 아이언을 이용하여 볼을 그린 앞쪽에 떨어뜨리는 것이 좋은 샷이다.

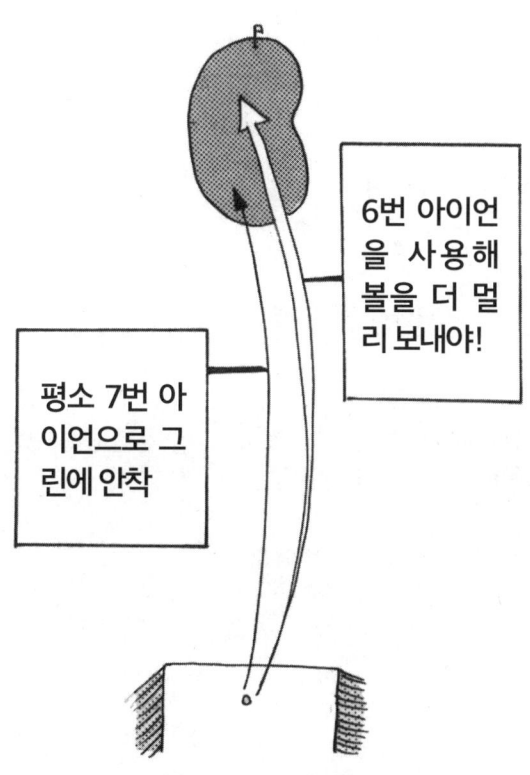

경사진 파 3홀에서의 티샷

파 3홀에서 평소에 7번 아이언을 사용해서 그린에 안착시켰다면, 경사면에서는 어떻게 해야 할까? 평소대로 7번 아이언을 사용하면 될까? 결과는 짧거나 오버하는 미스 샷이 나온다.

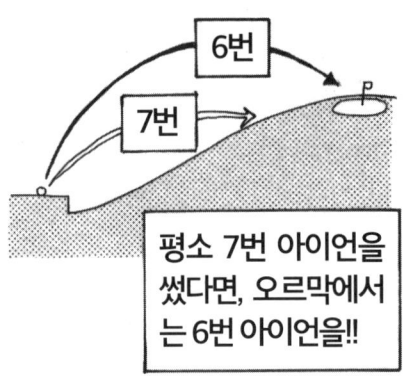

오르막의 경우에는 경사면의 특성상 평소보다 거리가 짧게 나온다. 그러므로 평소에 7번 아이언을 사용했다면 오르막 티샷의 경우에는 6번 아이언이 적당하다.

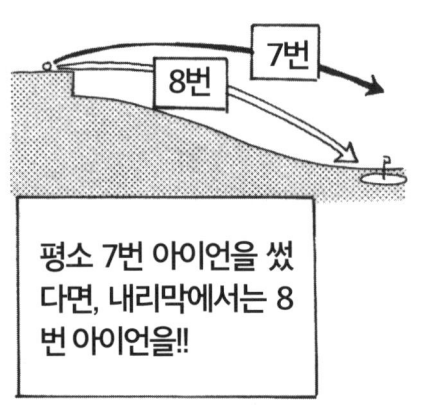

반대로 내리막의 경우에는 평소보다 거리가 길게 나온다. 그러므로 평소에 7번 아이언을 사용했다면, 내리막 티샷에서는 8번 아이언을 사용하여 거리를 줄여야 한다.

4장
페어웨이 샷의 핵심

롱 아이언 샷의 스윙 과정

파 4홀이나 파 5홀에서 티샷 뒤에도 홀과의 거리가 많이 남아 있어서 장타를 날려야 할 경우에는 페어웨이 우드나 롱 아이언이 효과적이다. 우선 롱 아이언 샷을 보자.

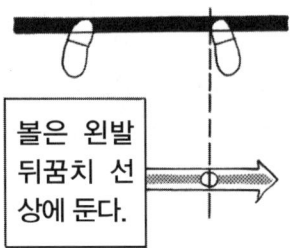

볼은 왼발 뒤꿈치 선상에 둔다.

롱 아이언 샷을 할 때는 볼을 왼발 쪽으로 놓아야 한다. 그래야만 볼이 공중으로 떠오르는 데 도움이 된다.

[롱 아이언의 백스윙]

백스윙 시 왼쪽 어깨가 90도 이상 돌아가야!

무릎을 굽혀서 긴장을 해소한다.

어드레스 시 굽힌 양 무릎을 그대로 유지하면서 왼쪽 어깨가 90도 이상 돌아가도록 백스윙을 한다. 다운스윙 시 임팩트와 함께 체중이 왼쪽으로 자연스럽게 옮겨 가도록 한다. 이때 오른쪽 무릎이 왼발 쪽으로 들어오며, 허리띠의 버클이 목표를 향한다.

피니시에서는 팔로 스루를 높이 하고, 오른쪽 어깨가 턱밑으로 오게 해야 한다. 체중은 왼쪽 다리에 완전히 실리고 오른쪽 다리는 왼쪽다리 쪽으로 굽혀진다. 그리고 완전한 균형을 이루어야만 완벽한 롱 아이언 샷이 이루어진 것이다.

[롱 아이언의 임팩트]　　　[롱 아이언의 팔로 스루]

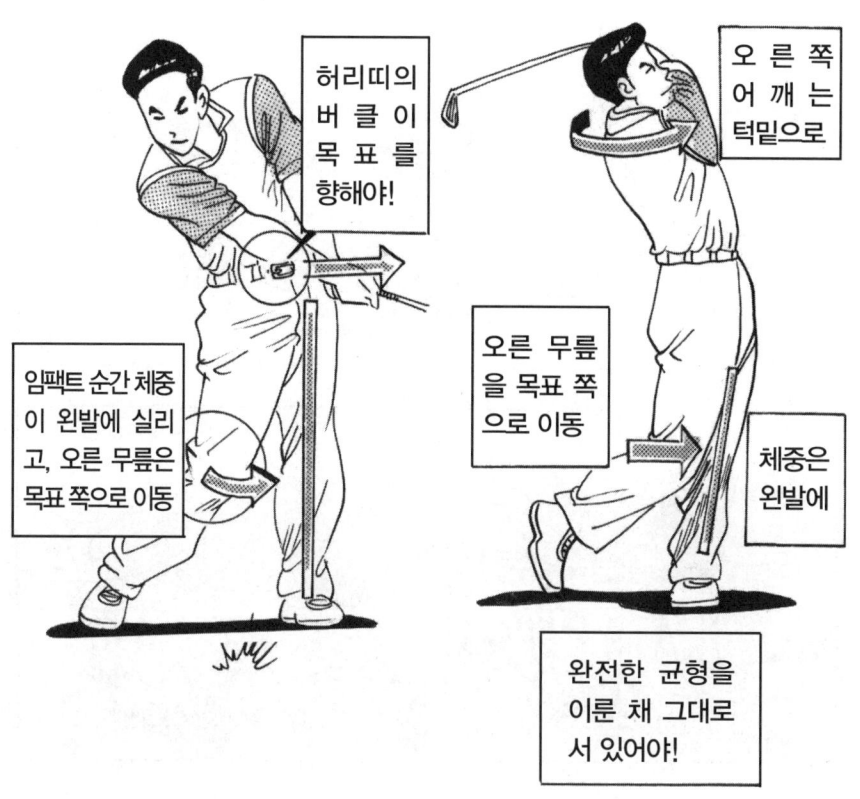

롱 아이언으로 볼의 밑부분을 치기 힘들 때는

롱 아이언으로 스윙을 할 때, 볼 밑 부분을 제대로 치지 못하는 사람들이 의외로 많다. 특히 임팩트 시에 클럽 헤드가 위로 올라가 톱이 나는 주말 골퍼들이 많다. 어떻게 해야 이 문제를 해결할 수 있을까?

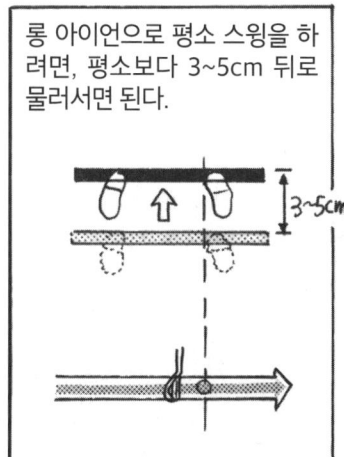

롱 아이언 시 톱이 나는 원인은 단 한 가지! 바로 볼에 몸이 너무 다가서 있기 때문이다. 이에 대한 해결책은 간단하다. 롱 아이언을 다룰 때는 평소보다 볼 3~5cm 정도 뒤로 물러서서 치는 것이다. 그렇게 되면 스윙이 한결 편해져서 오른쪽 어깨가 턱 밑에서 움직일 수 있는 여유가 생긴다.

롱 아이언과 친해지는 법

롱 아이언을 어려워하는 주말골퍼들이 의외로 많다. 그러나 롱 아이언을 잘 쓰면 거리를 만회할 수 있으므로 마냥 피할 수만도 없다. 어떻게 하면 롱 아이언과 친해질 수 있을까?

롱 아이언과 친해질 수 있는 간단한 비법이 있다. 바로 롱 아이언을 1인치 정도 짧게 잡는 것이다. 그렇게 되면 클럽을 잘 컨트롤할 수 있게 된다. 또한 왼손이 완전히 클럽을 잡은 뒤에 오른손 그립을 하면 그립이 단단해진다.

롱 아이언과 쉽게 친해지려면 클럽을 1인치 짧게 잡는다.

클럽을 짧게 잡으면 스윙의 폭이 자신이 컨트롤할 수 있을 정도로 작아지게 되어 자신 있는 스윙을 할 수 있다. 그렇게 되면 자신감을 갖고 좋은 플레이를 할 수 있게 된다.

롱 아이언이 두려워서 잡는 것조차 하지 않는다면 결코 롱 아이언을 정복할 수 없다. 아무것도 시도하지 않아 실패가 없는 것보다는 비록 실패하더라도 시도하는 것이 얻는 게 훨씬 많다.

페어웨이 우드 샷의 핵심

페어웨이 우드만 잡으면 톱이 나서 아예 페어웨이 우드를 쓰지 않는 사람이 있다. 이는 페어웨이 우드가 어떤 스윙 궤도를 그리는지 몰라서 일어나는 일이다. 과연 페어웨이 우드는 어떤 스윙 궤도를 그려야 할까?

우선 틀린 스윙 궤도를 보자. 페어웨이 우드가 어퍼블로 스윙 궤도가 되면 전형적인 잘못된 스윙 궤도가 된다. 이렇게 되면 임팩트 시에 클럽 헤드가 볼의 윗부분에 맞게 되어, 십중팔구 톱이 나거나, 잘 맞았다 해도 공중으로 뜨질 않고 금방 바닥에 떨어진다.

[잘못된 페어웨이 우드]

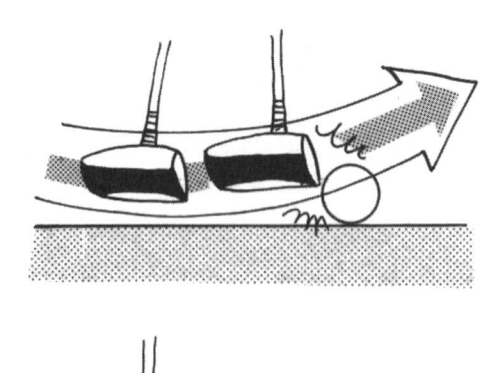

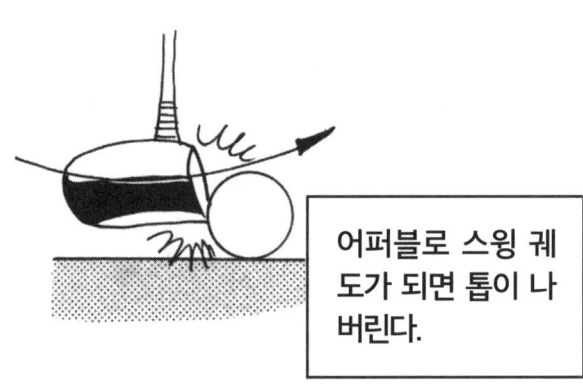

어퍼블로 스윙 궤도가 되면 톱이 나 버린다.

이제 잘된 스윙 궤도를 보자. 페어웨이 우드가 그대로 지면을 쓸듯이 볼을 감싸면서 지나간다면 그야말로 굿 샷이 된다. 이렇게 되면 클럽 헤드의 면 중앙에 볼이 오게 된다. 그렇게 되면 페어웨이 우드가 가진 로프트의 특성상 볼을 공중으로 띄우게 된다.
이것이 바로 페어웨이 우드 스윙의 핵심이다. 단 이때 머리의 위치는 볼의 뒤쪽에 있어야만 한다.

맞바람이 불 때는 3번 우드를 사용한다

맞바람이 불 때는 볼을 낮고 강하게 띄워야 멀리 나간다. 페어웨이 우드로 맞바람이 불 때 그린까지 볼을 날리고 싶을 때는 로프트를 낮추어야 한다.

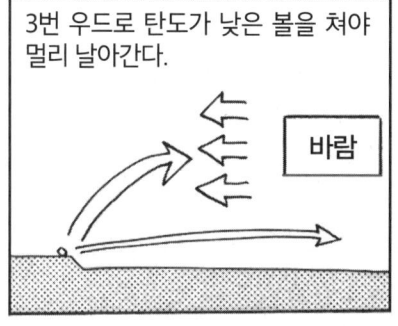

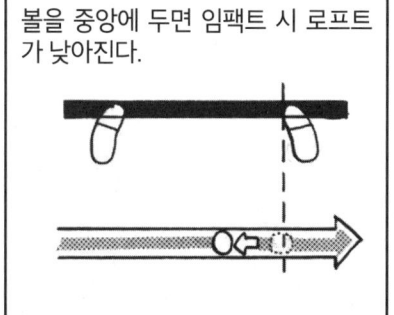

바람이 불지 않는 정상적인 3번 우드 샷의 경우에는 왼발 쪽에 볼을 두고 샷을 하여 로프트를 충분히 이용하여 떠서 날아가는 볼을 친다. 그러나 바람이 불 때는 로프트를 낮춰서 낮게 날아가는 볼을 구사해야 한다. 그러기 위해서는 먼저 볼을 중앙에 두어 손이 볼보다 목표 쪽에 있는 핸드 퍼스트의 자세를 취한다. 이렇게 되면 로프트가 줄어들어 낮은 볼을 칠 수 있다. 이때 두 발은 약간 클로즈드스탠스를 취하여 샷을 하면, 볼은 낮게 나가다가 살짝 왼쪽으로 휘는 드로 볼이 되면서 그린까지 가게 된다.

5장
웨지 샷의 핵심

웨지 샷은 컨트롤 샷이다

웨지 샷은 그린에서 70야드 이내의 거리에서 풀 스윙이 아닌, 조금 작고 약하게 하는 컨트롤 샷이다. 볼이 놓인 라이에 따라 피칭웨지나 샌드웨지 등을 이용하여 볼을 공중으로 높이 띄운 뒤 그린에 안착시켜 백스핀에 의해 굴러가는 거리는 최소화하는 것이 바로 피치 샷의 핵심이다.

웨지 샷에서의 비거리는 백스윙 크기와 비례한다.

스윙이 작을수록 헤드 스피드가 준다.

웨지 샷은 테이크 백에서 이미 결정된다

웨지 샷과 드라이버 샷과의 최대의 차이점은 풀 스윙이냐 아니냐에 있다. 웨지 샷은 30~80야드 사이의 거리에 처했을 때 원하는 만큼의 거리만 보내면 되는데, 풀 스윙을 하면 목표물을 오버하게 된다. 즉 어깨와 허리 회전을 자제하고 짧은 백스윙을 함으로써 볼이 홀컵까지 날아가도록 하는 샷이 웨지 샷이다.

웨지 샷은 스윙 폭이 작은 대신 테이크 백 시에 바로 손목을 크게 코킹해 줘야 한다. 그래야만 볼을 칠 수 있는 힘을 비축하는 게 가능해지고 경쾌한 스윙이 가능해진다. 또한 스윙을 하고 난 뒤에는 팔로 스루를 백스윙 크기만큼 짧게 해 줘야 한다. 이때 머리는 볼을 보던 후방에 그대로 위치하면서 오른쪽 무릎을 왼쪽으로 꺾어 주어야만 왼쪽 무릎으로 체중을 옮기기 쉽다.

왼쪽 무릎으로의 체중 이동

백스핀 만들기

백스핀이 걸리지 않는 주말골퍼들의 스윙을 살펴보자. 피칭웨지를 들고 체중을 양발에 5 : 5로 둔 채 클럽 헤드의 궤도가 볼을 수평으로 히트하게 된다. 이렇게 되면 클럽 헤드가 볼을 맞힌 뒤에 로프트결대로 볼을 띄울 뿐 백스핀을 걸지는 못한다. 그렇다면 어떻게 해야 백스핀이 걸린 볼을 칠 수 있을까?

[백스핀이 걸리지 않는 주말 골퍼]

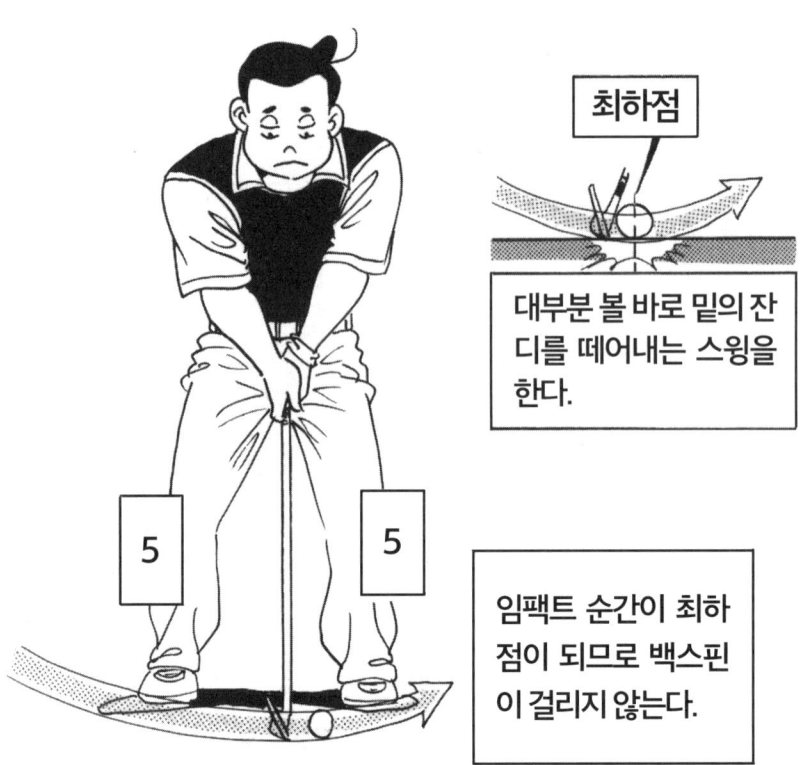

백스핀이 걸린 볼을 치는 방법은 간단하다. 바로 다운 블로 스윙을 하는 것이다. 다운 블로 스윙으로 볼을 치면 클럽 헤드의 스윙 궤도가 볼을 친 뒤에는 볼 아래로 파고들기 때문에 볼에 백스핀이 저절로 들어가게 된다. 또한 볼은 클럽 헤드의 로프트에 의해서 공중으로 떠서 날아간다.

[백스핀 타법]

주말 골퍼들의 경우, 자기는 제대로 쳤다고 생각하지만 대부분 볼 바로 밑의 잔디를 파내게 된다.

그러나 프로들은 다운 블로 스윙을 하기 때문에 볼 전방 5~10cm 지점의 잔디를 파낸다.

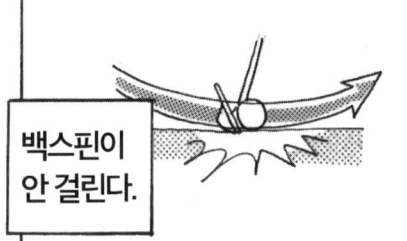

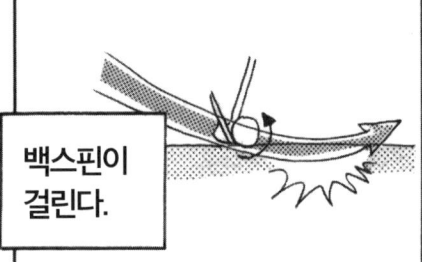

백스핀으로 치기 위해서는 우선 체중을 왼발에 놓고 난 뒤 핸드 퍼스트의 자세로 어드레스하는 것이 핵심이다. 그런 상태에서 백스윙을 작게 하는데, 이때 코킹을 넣어 하는 것이 요령이다. 그리고 나서 볼을 향해 다운 블로 스윙을 하면 볼은 백스핀이 걸리고, 그린에 안착한 뒤 마술에 걸린 듯 뒤로 끌려나오는 것이 연출될 것이다.

벙커를 지나 그린에서 바로 볼이 멈추게 하는 법

그린 바로 앞의 벙커를 넘겨야 하는 경우에는 어떻게 해야 할까? 이럴 경우 프로들은 낮은 칩샷을 하는데, 이렇게 되면 볼은 벙커를 살짝 넘어 그린 위에 떨어진 뒤 백스핀 때문에 바로 멈춰 선다.

그렇다면 주말골퍼들 역시 이런 낮은 칩샷을 구사하면 될까?

핸디가 그 이하가 아니라면 절대로 낮은 칩샷을 구사해서는 안 된다. 낮은 칩샷을 구사해서 거리가 짧기라도 한다면 볼은 그대로 벙커에 떨어지기 때문이다.

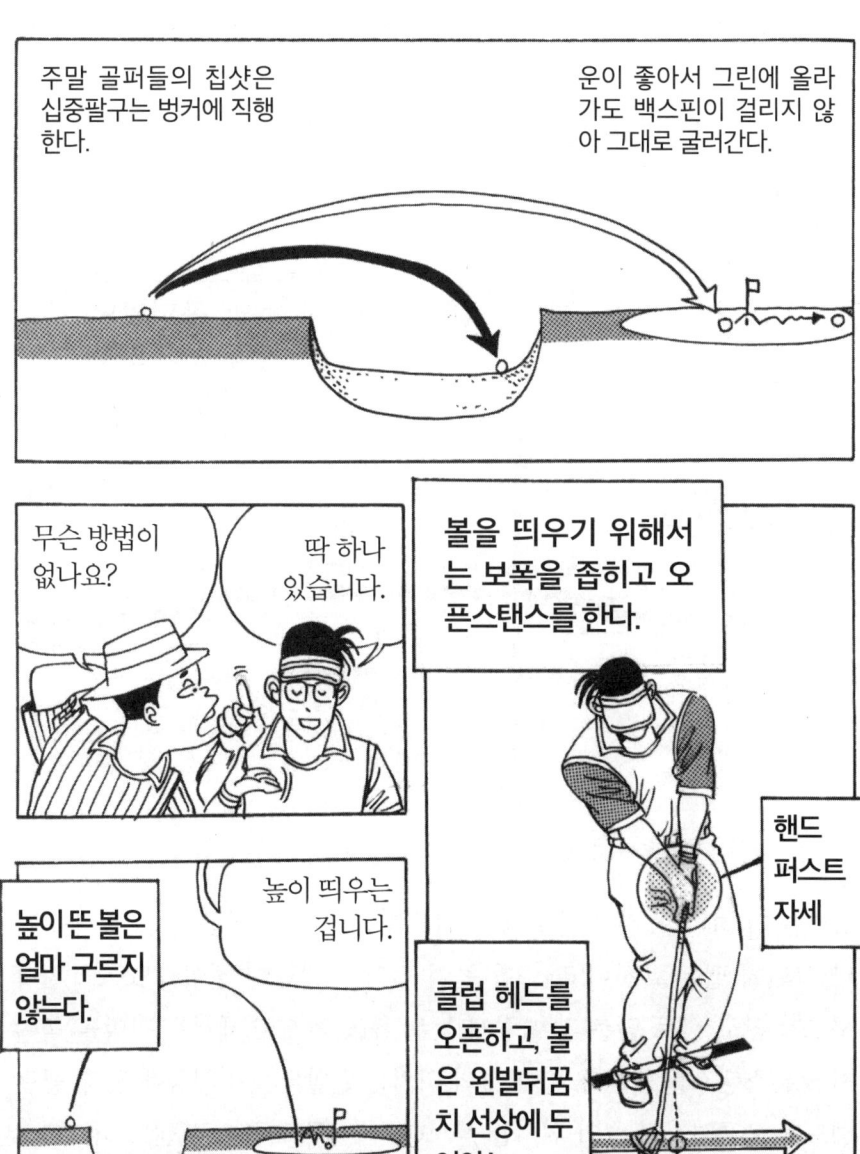

주말골퍼들의 경우, 십중팔구는 거의 벙커에 볼을 빠뜨릴 수밖에 없다. 또한 운이 좋아서 그린 위에 떨어진다고 해도 백스핀이 걸리지 않아 볼은 그대로 굴러가 홀컵과 멀리 떨어진 곳에 멈추게 마련이다. 그렇다면 방법이 없을까?

방법은 딱 하나다. 바로 볼을 높이 띄우는 것이다. 높게 뜬 볼은 벙커를 지나 그린에 떨어질 것이고, 또한 높이 떴다가 그린에 떨어졌으므로 얼마 구르지 않고 바로 멈춘다. 이렇게 높은 볼을 치기 위해서는 양발을 붙여서 오픈스탠스를 취한다. 이때 볼의 위치는 왼발뒤꿈치 선상에 둔다. 클럽 헤드를 오픈시키고 손의 위치는 볼보다 약간 목표 쪽으로 핸드 퍼스트로 두고 스윙을 한다.

구르는 볼과 멈추는 볼은 스윙 방법이 다르다

백스핀이 걸린 채 높이 떴다 떨어지면서 쉽게 멈추는 볼은 클럽 페이스를 오픈페이스로 한 채 친다. 반대로 낮게 떠서 굴러서 홀컵까지 가는 볼을 치기 위해서는 클럽 페이스를 닫아서 쳐야 한다. 그러면 로프트가 작아져 볼은 백스핀이 걸리지 않으면서도 낮게 날아간다.

[백스핀이 걸린 하이 볼]   [구르는 낮은 볼]

백스핀을 걸려면 임팩트 시 손목을 움직이지 않는다

클럽 페이스를 오픈하고 다운 블로 스윙을 했는데도 백스핀이 걸리지 않는 주말골퍼들이 많다. 왜 그럴까?
이유는 단 하나! 임팩트 시에 손목을 돌리는 습관 때문이다. 임팩트 시 손목을 돌리게 되면 클럽 페이스가 덮이게 된다. 결국 백스핀과는 정반대의 볼이 되어 앞으로 구르게 된다. 그렇다면 어떻게 해야 백스핀 볼을 칠 수 있을까?

임팩트 시 손목을 돌리지 않기 위해서는 목표보다 약간 왼쪽으로 움직여 줘야 한다.

그러기 위해서는 임팩트 이후 왼 팔꿈치를 빼 준다.

왼쪽 팔꿈치를 살짝 빼 주면서 클럽 페이스를 오픈시키는 기술은 고도의 기술이므로 초보자들은 하지 않는 게 좋다.

임팩트 시 클럽 페이스가 오픈 상태를 유지한 채 있어야 한다. 그러기 위해서는 손목을 움직이지 않은 채 클럽을 목표 방향보다 약간 왼쪽으로 움직이게 된다.

벙커를 넘어 그린에서 바로 멈추는 볼을 치는 법

볼을 왼발에 위치시킨 뒤 볼에서 약간 떨어져서 여유 있게 오픈스탠스를 취한다. 이때 클럽 페이스는 오픈시켜 어드레스한 뒤 아웃사이드 인의 커팅 샷을 한다.

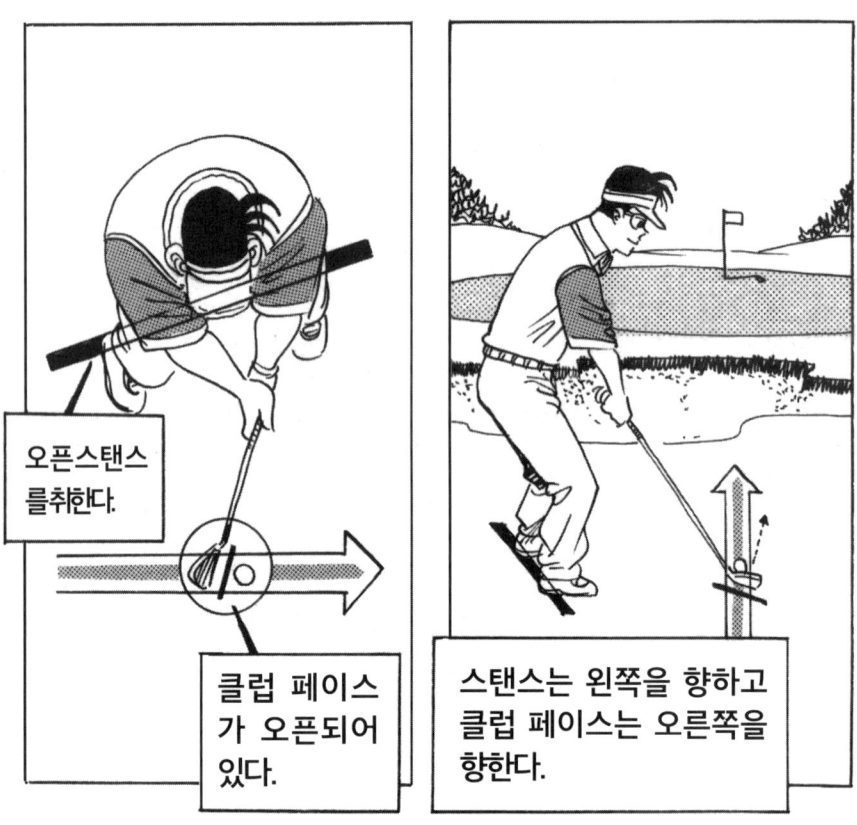

클럽 페이스를 오픈하지 않고 커팅 샷을 하면 볼이 목표보다 왼쪽을 향하게 된다. 클럽 페이스를 오픈하면 볼이 목표를 향해 날아간다.

[클럽 페이스가 오픈된 경우]

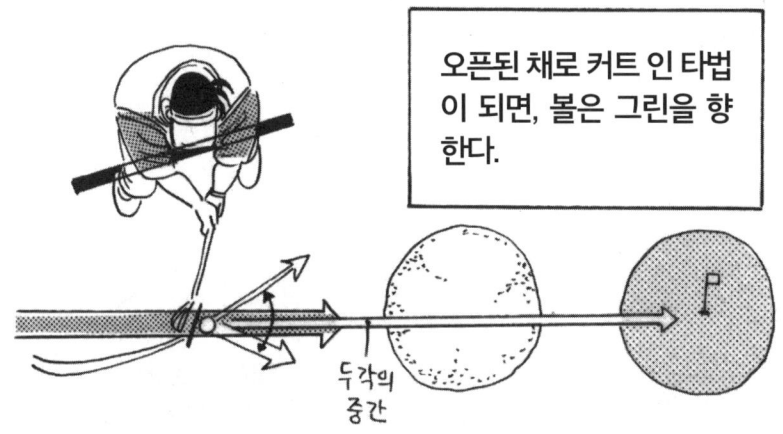

[클럽 페이스가 오픈된 경우]

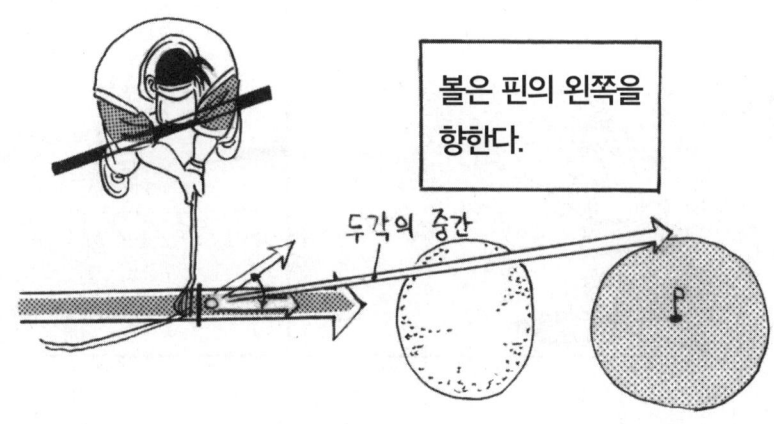

거리가 짧은 주말골퍼들의 웨지 샷

많은 주말골퍼들이 웨지로 하는 피치 샷이 그린에 이르지 못하고 그 앞에 떨어진다. 왜 그럴까?
웨지는 로프트가 매우 크다. 그러기에 웨지 샷을 하게 되면 볼이 당연히 높이 뜬다. 높이 뜬 볼이 멀리 못 가는 것은 당연하다. 그런데 많은 주말골퍼들이 이것을 잊고 아이언 샷의 감각으로 웨지를 대한다.

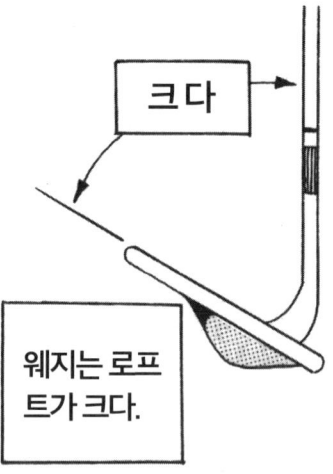

그렇다면 어떻게 해야 웨지 샷을 하면서 원하는 만큼 볼을 보낼 수 있을까?

웨지는 컨트롤에 의해 거리를 조정하는 샷이라는 것을 상기한다면 답은 간단하다. 즉 백스윙을 충분히 해 주면 원하는 거리가 나온다는 것이다. 단 백스윙을 할 때 손목이 자연스럽게 꺾이는 선에서 최대한 꺾으면서 하는 것을 잊어서는 안 된다.

짧은 웨지 샷을 극복할 수 있는 비법

주말골퍼들 가운데는 나름대로 웨지 샷을 하면서 백스윙도 제대로 컨트롤하는데도 샷이 짧아 고민하는 경우가 많다. 어떻게 하면 이것을 극복할 수 있을까? 답은 기본적인 자세에서 나오는 법이다. 대부분의 주말골퍼들은 40~60야드 정도의 웨지 샷을 할 때 홀에 놓인 깃대의 아랫부분을 겨냥한다. 바로 이것이 문제다. 왜냐하면 깃대 아래를 겨냥하면 아무리 스윙을 잘해도 깃대에 미칠 수 없기 때문이다.

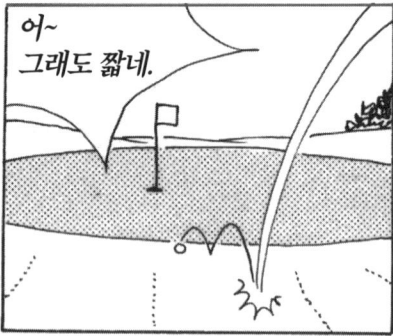

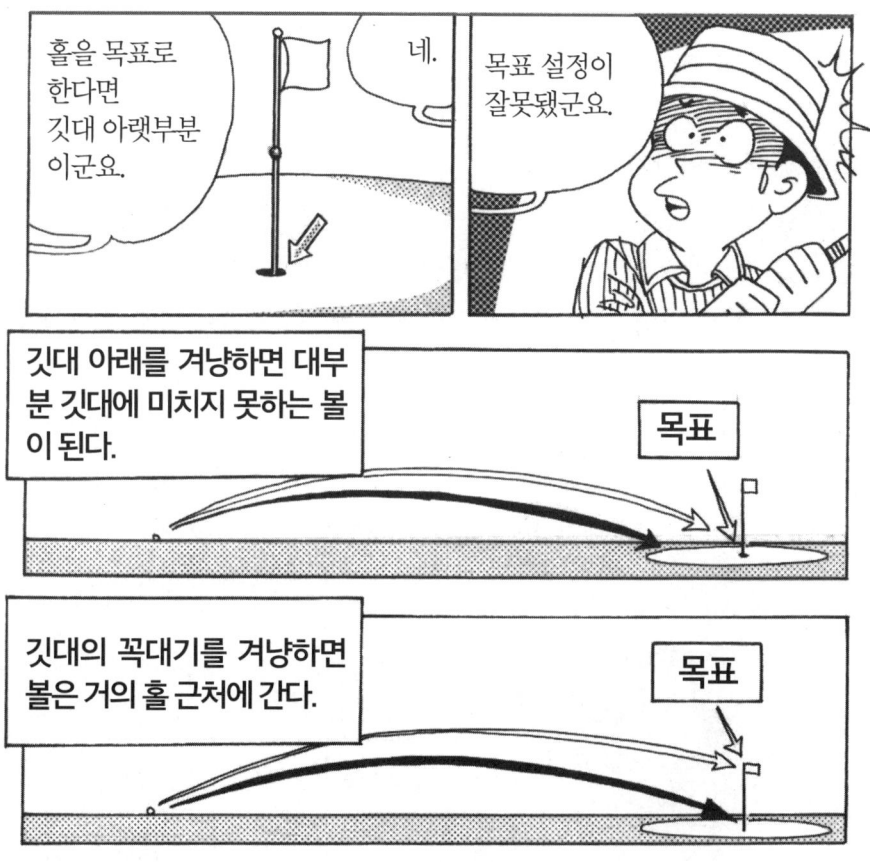

웨지 샷이 짧을 때는 깃대 꼭대기를 겨냥해야 한다. 그렇게 되면 볼은 깃대가 꽂혀 있는 홀컵까지 가게 된다. 별 것 아닌 것 같지만, 이렇게 사소한 비법들이 하나하나 쌓일 때 진정한 싱글이 될 수 있는 것이다. 골프는 사소한 것을 얼마나 많이 알고 실천에 옮기는가가 중요한 게임이다.

30야드 거리에서 다운 블로 샷이 안 되는 주말골퍼

30야드에서 웨지로 백스핀 걸린 볼을 치지 못한다면 참으로 괴롭다. 기껏 스윙을 했는데 볼이 홀컵 근처에 떨어져서도 계속 굴러갈 때의 난감함은 경험해 본 사람만이 안다.

주말골퍼들의 경우, 30야드 거리에서 웨지 샷을 할 때 마음은 백스핀을 원하는데 스핀이 안 걸리는 경우가 다반사다. 왜 그럴까?

주말골퍼들의 스윙을 살펴보자. 어드레스 시부터 임팩트 팔로 스루에 이르기까지 온통 오른발에 체중이 있는 것을 볼 수 있다. 오른발에 체중이 있으면 다운 블로 스윙 궤도는 불가능하고, 퍼 올리는 듯한 수평 스윙 궤도가 된다. 수평 궤도에서는 볼이 백스핀이 걸리지 않는다. 그러면 어떻게 해야 백스핀 걸린 웨지 샷을 할 수 있을까?

백스핀 걸린 웨지 샷을 할 수 있느냐 없느냐는 이미 어드레스에서 결판난다. 보폭을 좁힌 채 오픈스탠스를 한다. 이때 왼발뒤꿈치에 체중을 싣고 볼은 왼발에 둔다. 손은 볼보다 목표 쪽에 두는 핸드 퍼스트 자세를 취하고 몸을 기울여 다운 블로 샷을 한다.

물론 팔로 스루는 낮게 해야 한다. 다운 블로 궤도를 그리면서 볼을 맞추면 클럽 페이스가 볼을 맞추면서 백스핀을 넣게 된다. 물론 볼은 백스핀이 걸려도 로프트 각도를 따라 그대로 공중으로 날아가게 된다.

[제대로 된 웨지 샷의 어드레스]

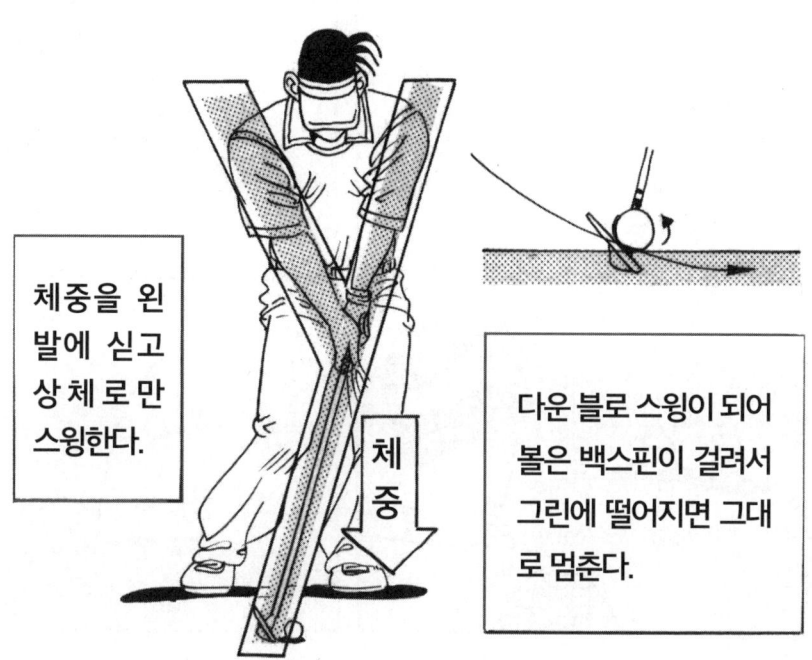

포대 그린 앞에서의 웨지 샷

포대 그린 앞에서 볼을 높이 띄워야 할 경우가 있다. 이때 그린에 떨어진 볼이 바운드가 크게 되어 튕겨 나간다면 큰 낭패다. 따라서 그린에 떨어진 볼은 부드럽게 안착해야 한다.

이때는 평소처럼 백스윙을 짧게 해서는 안 된다. 짧은 백스윙으로 볼을 띄우게 되면 볼에 힘이 들어가 바운드가 커지기 때문이다.

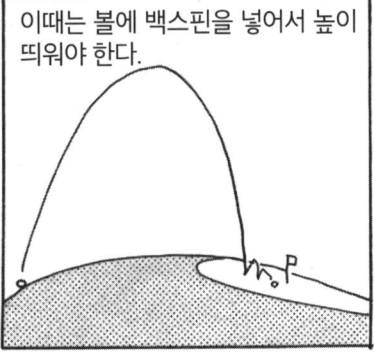

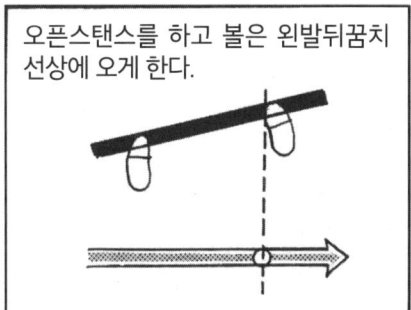

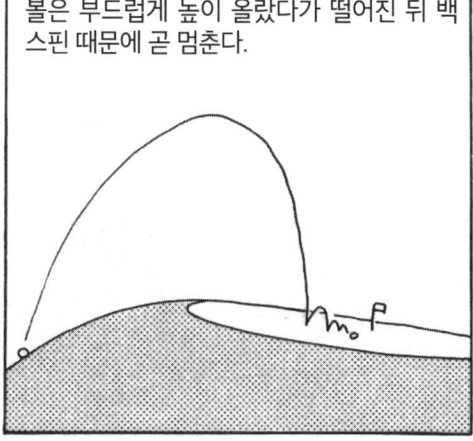

그렇다면 어떻게 해야 할까?
이때는 백스윙을 길게 하여 볼을 공중에 띄워야 한다. 임팩트 이후 팔로 스루 역시 제대로 해 주면 된다. 그러면 볼은 높이 떠 날아간 뒤 그린에 부드럽게 안착할 것이다.

웨지 샷에서도 팔로 스루는 완전하게 해야 한다

볼과 홀컵과의 거리가 30미터인 웨지 샷에서 볼이 짧아 벙커에 빠진다면 참 고민이다. 여러 원인이 있지만, 주말골퍼들의 경우에는 의외로 팔로 스루가 짧은 경우가 많다. 볼을 맞추는 데만 급급하다 보니 팔로 스루가 중간에서 멈춰 버리는 것이다. 물론 볼은 중간에서 떨어지고 만다.
3시 방향에 백스윙이 왔으면 팔로 스루는 9시 방향까지 와야 한다.

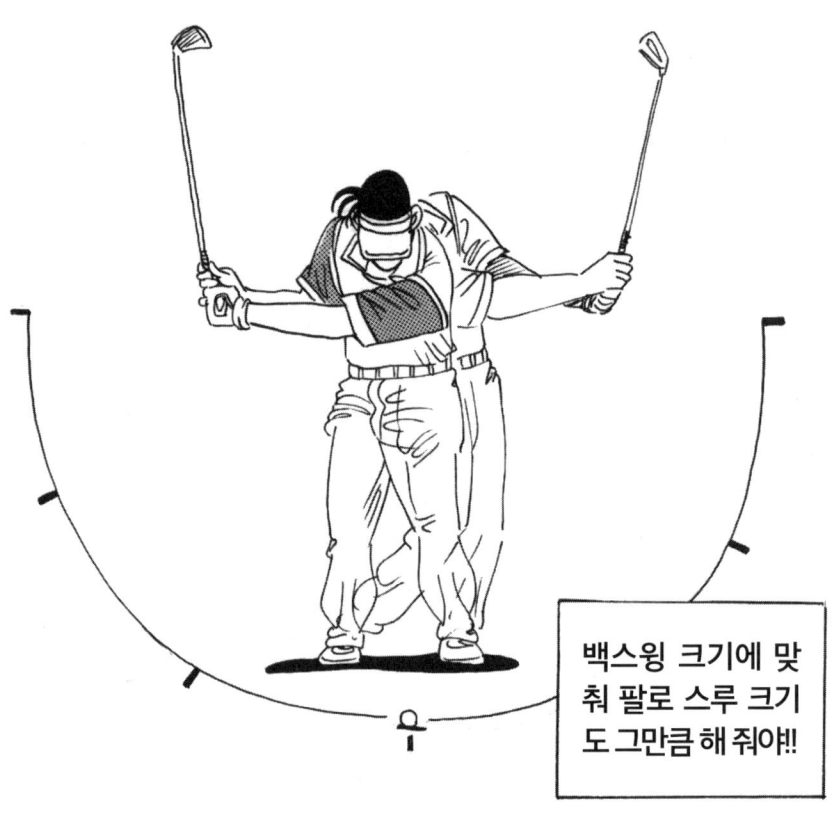

백스윙 크기에 맞춰 팔로 스루 크기도 그만큼 해 줘야!!

6장
칩샷의 핵심

칩샷은 퍼팅하는 마음으로

칩샷은 그린 주변 5야드 이내의 거리에서 홀을 향해 볼을 치는 샷이다. 홀컵까지의 거리가 가까워서 굴릴 수만 있다면 더없이 좋지만, 라이가 워낙 좋지 않아서 퍼터를 쓰지 못할 뿐, '로프트가 있는 퍼터로 하는 퍼팅'이라고 해도 과언이 아니다.

칩샷은 워낙 다양한 상황이 연출되므로 우드를 제외한 모든 클럽을 사용할 줄 알아야 한다. 그래야만 훌륭한 칩샷을 할 수 있다.

[칩샷의 기본 어드레스]

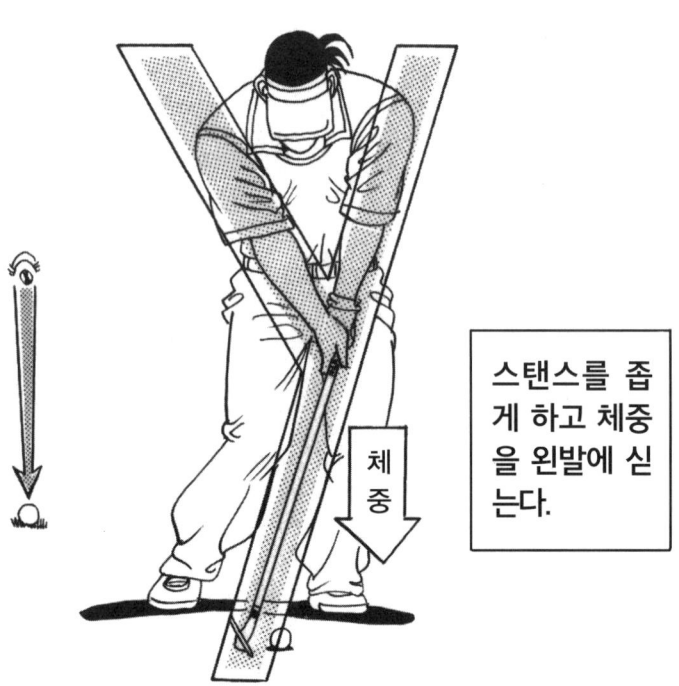

칩샷에서 퍼 올리는 스윙은 자살 행위다

그린 주변에서 볼을 가볍게 굴리려는 생각으로 칩샷을 하는 것은 올바른 마음가짐이다. 그런데 그 생각이 너무 강해 클럽을 퍼 올리듯 어퍼블로 스윙을 하는 주말골퍼들이 의외로 많다. 결과는 어떨까? 볼은 제대로 굴러가지 않고 톱이나 덥이 나서 엉뚱한 곳으로 갈 뿐이다.
왜 그럴까?

볼을 높이 띄우는 것도 로프트이고

굴러가게 하는 것도 로프트이다.

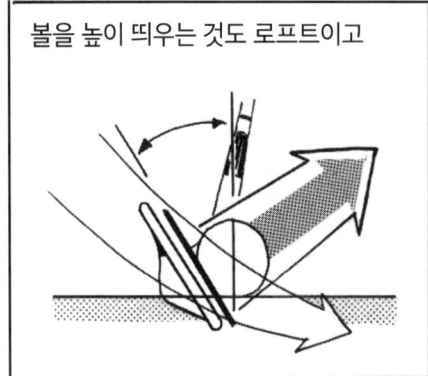
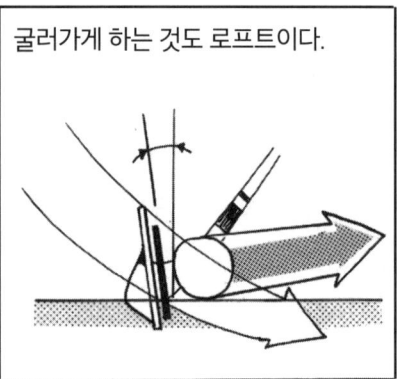

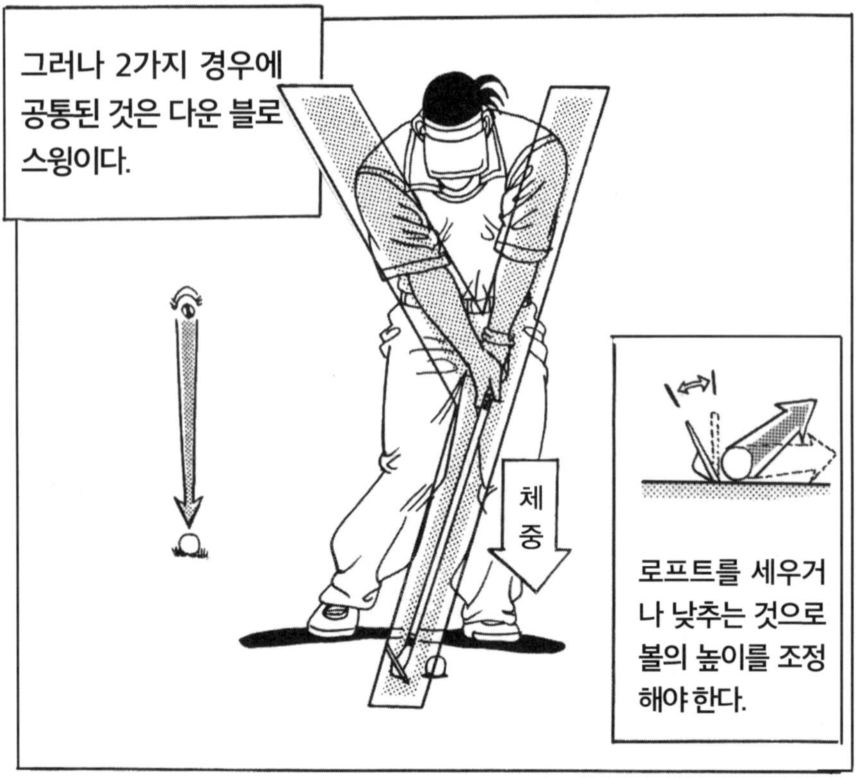

그러나 2가지 경우에 공통된 것은 다운 블로 스윙이다.

체중

로프트를 세우거나 낮추는 것으로 볼의 높이를 조정해야 한다.

골프는 기본에 강해야 한다. 아이언 샷이나 웨지 샷에서 볼을 퍼 올리는 것은 클럽 헤드의 로프트 때문이다. 로프트를 잘 이용하려면 다운 블로 스윙을 해야 한다. 그런데 클럽의 특징을 잊어버리거나 자신의 클럽이 가진 로프트의 기능을 믿지 못해서 어퍼블로 스윙을 하고 있으니 칩샷이 늘 리가 없다.

칩샷 시 5~7번 아이언 또는 피칭웨지나 샌드웨지 등 어느 것을 사용하더라도 모두 다운 블로로 쳐야 한다. '그린 주변에서는 다운 블로 스윙'이라는 말을 기억하자.

그린 주변에서는 핸드 퍼스트 상태에서 손목 사용을 자제한 다운 블로 스윙을 해야!!

다리는 오픈해도 양어깨는 목표를 향해야

칩샷을 할 때는 오픈스탠스를 취하는 게 맞다. 그런데 주말골퍼들은 오픈스탠스를 하고 칩샷을 해도 볼이 홀컵에 반도 미치지 못할 정도로 짧다. 왜 그럴까? 그 이유는 허리와 어깨에 있다. 오픈스탠스를 하게 되면 목표의 왼쪽을 향하게 되는데, 이때 허리와 양어깨마저 목표의 왼쪽을 향한 채 샷을 하기 때문이다.

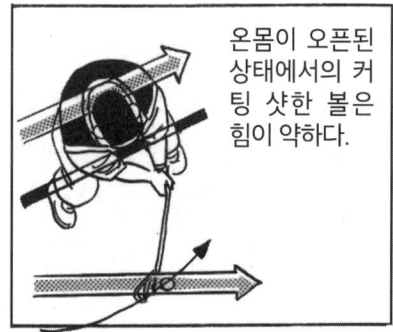
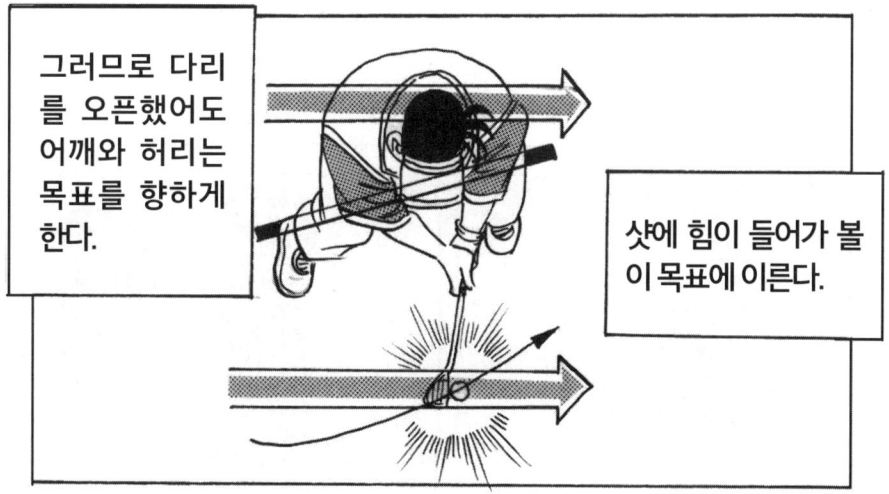

이렇게 되면 볼을 깎아 치는 커팅 샷이 되므로 볼이 약하게 날아가게 되고 결국은 원하는 거리에 반도 미치지 못하게 된다.

그럼 어떻게 해야 할까? 비록 오픈스탠스를 취하더라도 양어깨와 허리는 목표를 향하거나 약간만 오픈해야 한다. 그렇게 되면 클럽 페이스도 목표와 직각이 될 수 있으며, 샷에 원하는 만큼의 힘이 들어가므로 볼을 원하는 곳까지 굴릴 수 있게 된다.

핸드 퍼스트 자세를 유지해야

손이 볼보다 목표에 오는 핸드 퍼스트 자세가 되어야 칩샷을 잘할 수 있다. 핸드 퍼스트 자세에서 스윙을 하게 되면 다운스윙 시 클럽 헤드의 리딩 에지가 스윙을 이끌게 되어 볼에 히트하는 순간까지 잔디와 접촉하는 면이 적으므로 볼을 직접 때리는 다운 블로 스윙이 가능해진다.

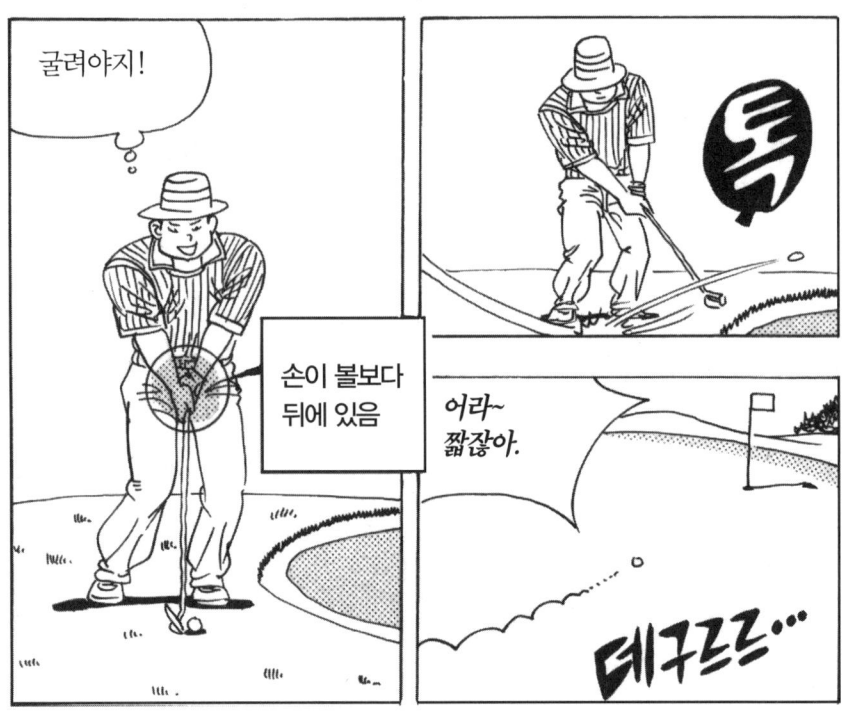

손이 볼보다 후방에 위치하는 자세가 되면 좋은 칩샷이 어렵다. 이 상태로 스윙을 하게 되면 다운스윙 시 클럽 헤드 뒷면의 바운스 부분이 잔디와 접촉하는 부분이 많아지게 되어 볼을 정확하게 히트하기 전에 잔디를 치게 된다. 또한 스윙 궤도 역시 퍼 올리는 스윙이 되기 쉽다. 결국 덥이 날 가능성이 크게 된다.

칩샷이 일정하지 않을 때

주말골퍼들 가운데 자신은 항상 칩샷을 일정하게 하는데 볼이 일정하게 가지 않는다고 한탄하는 사람들이 종종 있다. 이유는 단 하나, 다운 블로 스윙을 하지 못하고 어퍼블로 스윙을 하기 때문이다. 분명 핸드 퍼스트의 자세를 취하는데 왜 이런 결과가 나올까?

방향성이 좋지 않은 원인은 하체에 있다. 즉 체중이 왼발에 가 있어야 하는데, 처음부터 오른발에 가 있기 때문에 어퍼블로 스윙이 된 것이다. 칩샷 시에는 시작부터 끝까지 체중이 왼발에 가 있어야 한다. 즉 어드레스부터 팔로 스루에 이르기까지 체중이 왼발에 가 있다는 기분으로 스윙을 해야 한다. 이렇게 되면 퍼 올리는 스윙을 할 수가 없고 다운 블로 스윙을 하게 된다.

칩샷은 팔만 사용해야

50야드 이내의 짧은 거리에서 하는 칩샷은 거리와 방향이 중요한데, 칩샷을 하기 위해서는 하체를 고정한 채 팔만으로 스윙을 해야 한다.
그런데 하체를 고정하고 팔만 쓴다는 게 주말골퍼들에겐 참 어렵다. 티샷과 세컨 샷에서 골프채를 온몸으로 휘두르던 사람이 하체를 고정하고 스윙하기는 쉽지 않다.
하체를 고정하는 간단한 방법은 스탠스를 취할 때 안짱다리로 서는 것이다. 이러면 하체를 움직일 수가 없기 때문에 팔로만 샷을 컨트롤하게 된다. 안짱다리 스탠스는 클럽 헤드를 스퀘어하게 하는 데도 도움이 된다.

안짱다리 스탠스는 하체를 고정한다.

풀이 무성한 곳에서의 칩샷

풀이 무성하여 볼을 띄우려는 욕심에 어퍼블로 스윙을 하면 볼은 얼마 뜨지도 못하고 여전히 풀 속에 떨어진다. 이럴 땐 어떻게 해야 할까?
칩샷에서는 거의 다 다운 블로 스윙을 해야 한다. 그래야만 풀에 걸리지 않고 클럽 페이스가 바로 볼에 닿을 수 있다. 클럽 헤드가 바로 볼에 히트되면 로프트 때문에 볼을 저절로 공중으로 솟는다. 또한 다운 블로의 강한 샷이므로 볼은 풀밭을 무사히 탈출할 수 있는 것이다. 물론 손은 핸드 퍼스트를 유지한 채 왼발에 체중을 실어야 한다. 머리 역시 샷이 끝날 때까지 고정해야 한다.

핸드 퍼스트 상태에서 다운 블로 샷을 한다.

다운 블로 스윙을 하면 클럽 헤드가 풀의 영향을 덜 받는다.

러프에서의 칩샷은 코킹을 이용해야

러프에 빠졌을 때는 무조건 탈출하고 본다는 마음으로 칩샷에 임해야 한다. 즉 스윙 중에 클럽이 러프에 걸리거나 스치지 않도록 스윙해서 빠져나오는 게 우선이다. 이때는 로프트가 큰 피칭웨지나 샌드웨지를 사용하여 오픈스탠스를 취하고 몸도 오픈해 준다.

볼을 스탠스 중앙에 오도록 한 뒤, 백스윙 시 코킹을 하여 클럽을 마음껏 위로 올린다. 그래야만 테이크어웨이할 때 클럽 헤드가 러프에 물리지 않는다. 그리고 나서 다운 블로로 내리치면 볼은 러프에서 탈출하게 된다. 다만 클럽 페이스와 볼 사이에 풀이 많아서 볼의 비거리가 줄어들고 착지했을 때 런이 많이 나온다.

그린 언저리에서의 칩샷은 볼을 굴리는 전략으로

그린 언저리에서 칩샷을 하게 되면 먼저 백스핀 없이 볼을 굴려서 홀컵까지 보낸다는 전략으로 샷에 임해야 한다. 그러기 위해서는 백스핀에 대한 걱정이 없는 4~6번 아이언으로 샷을 하면 된다. 4~6번 아이언으로 폭이 작은 스윙을 하게 되면 볼이 백스핀이 먹지 않으므로 볼은 홀컵을 향해 런하게 된다.

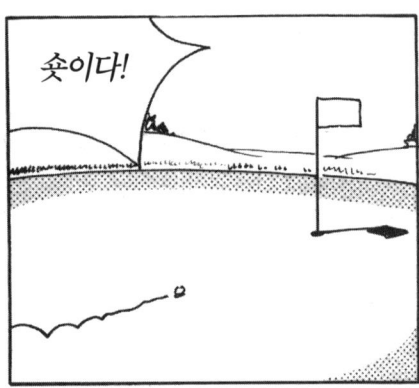

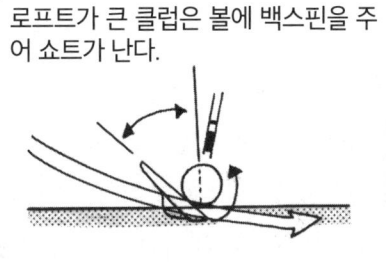

그린 언저리에서 9번 아이언이나 피칭웨지로 샷을 하는 사람들이 있는데, 이는 최악의 상황을 자처하는 일이다. 왜냐하면 9번 아이언이나 웨지는 로프트 자체가 워낙 커서 백스핀이 걸리기 때문이다. 또한 미스 샷이라도 하면 톱 스핀이 걸려 볼이 어디서 멈출지 알 수가 없다. 따라서 미스는 사전에 방지하는 것이 최선이다.

칩샷 한 볼이 오른쪽으로 가면 핸디가 많다는 뜻

핸디가 많은 주말골퍼들의 칩샷은 대부분 볼이 오른쪽으로 간다. 도대체 왜 그럴까? 이제부터 그 원인을 생각해 보자.

볼이 오른쪽으로 간다는 얘기는 곧 임팩트 순간 클럽 페이스가 오픈되어 오른쪽을 향했기 때문이다. 그렇다면 왜 클럽 페이스가 오픈된 것일까? 이유는 하나다. 핸디가 많은 골퍼들의 샷을 보면 임팩트 시에 머리가 위로 올라간다는 것이다. 머리가 위로 올라가면 양어깨 역시 올라가게 되고, 결국은 양팔과 클럽 역시 볼과 멀어지게 된다. 그것을 만회하려고 자신도 모르게 클럽 페이스가 오픈되는 것이다. 물론 다운 블로 스윙은 꿈도 못 꾸고 그저 어퍼블로 스윙도 겨우 하는 자세가 되지만…….

[핸디가 많은 골퍼의 샷]

임팩트 시 다리가 펴지면서 머리가 올라간다.

멀어진 거리 때문에 페이스가 오픈되어 볼은 오른쪽으로 간다.

골프는 자세가 기본적으로 되어야 한다. 그러기 위해서는 끊임없는 노력을 해야 한다. 칩샷을 할 때는 왼쪽에 체중을 싣고 하체를 고정하고 머리도 고정한 채 다운 블로 스윙을 해야 한다. 다운 블로 스윙을 하게 되면 임팩트 시 클럽 페이스가 목표에 대해 직각을 유지하는 것이 가능해지고 볼은 목표를 향해 나아가게 된다.

[칩샷의 기본]

7장
벙커 샷의 핵심

벙커 샷의 어드레스

멋지게 날린 샷이 그만 벙커에 들어가게 되면 프로들도 긴장을 한다. 하물며 주말골퍼들이야. 기왕 볼이 벙커에 빠졌다면 어떻게 해서든 한 번에 탈출해야 타수를 줄일 수 있다. 벙커에서 2타, 3타를 연속해서 칠 때의 난감함이란 이루 말할 수가 없을 것이다.

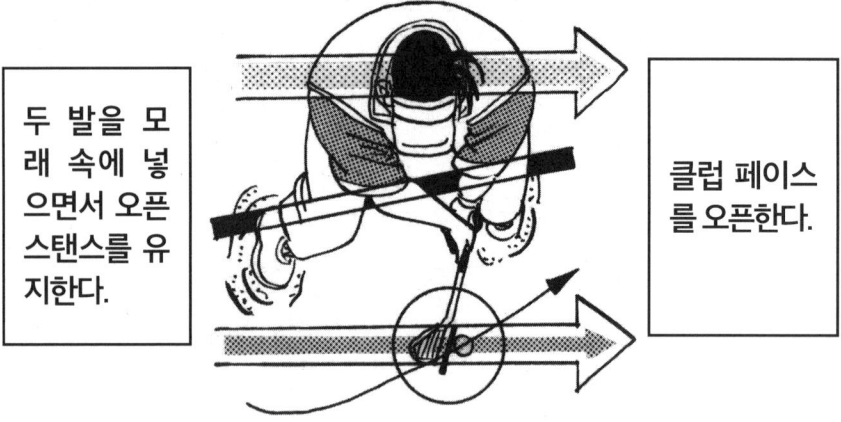

두 발을 모래 속에 넣으면서 오픈 스탠스를 유지한다.

클럽 페이스를 오픈한다.

벙커에 볼이 들어갔을 때는 우선 상황을 있는 그대로 받아들여야 한다. 그래야만 겁을 먹지 않고 평소 실력을 발휘할 수 있다. 벙커 샷에서 가장 명심해야 할 것은 바로 두 발을 모래 속에 밀어 넣으면서 오픈스탠스가 되도록 하는 것이다. 신발 바닥이 모래 속에 파고들어야만 스윙 시 하체가 흔들리지 않는다. 발은 목표의 왼쪽을 향하게 오픈했지만, 클럽 페이스는 목표의 오른쪽을 향하도록 오픈하여 어드레스해야 한다. 클럽 페이스가 오픈된 상황에서 샷을 해야 볼이 공중으로 떠올라 탈출하기 쉬워진다.

볼 앞 3~5cm 지점을 쳐야

스윙 궤도는 아웃사이드 인의 스윙 궤도를 그려야 하며, 볼 앞 3~5cm 지점의 모래 속으로 클럽 헤드가 들어가게 해서 바로 팔로 스루로 이어져야 하는 것을 명심해야 한다. 볼에서 클럽 헤드를 멈추게 되면 탈출은 불가능해진다.

[벙커 샷의 샷 지점]

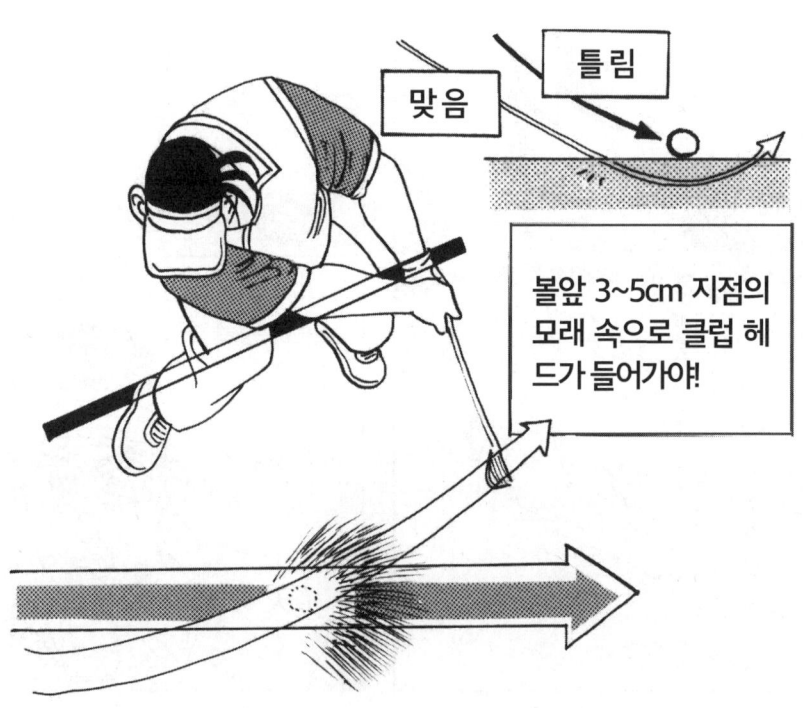

볼은 왼발뒤꿈치선상에 둔다

일부 주말골퍼들 중에 벙커 샷을 할 때, 볼 앞 3~5cm 지점까지는 잘 쳤지만, 모래가 왕창 파헤쳐질 정도로 모래에 클럽 헤드를 처박는 경우가 있다. 그렇다고 볼이 탈출한 것도 아니다. 무엇이 잘못됐을까?

어째 모래만 파이고 볼은 벙커에 그대로 있으니…

어드레스 시 볼을 놓는 위치가 잘못됐군요.

벙커 샷이 볼 앞의 모래를 치는 샷이긴 하지만, 결코 모래를 파헤치는 샷은 아니다. 벙커 샷은 모래를 스쳐가는 샷이다. 그런데 볼을 오른발 쪽에 두고 어드레스하면 스윙 궤도가 급강하할 때 볼이 히트되어 클럽 헤드를 모래에 처박는 스윙이 된다.

그렇다면 어떻게 해야 이를 방지할 수 있을까?

답은 간단하다. 볼을 왼발 쪽에 두고 어드레스를 하면 스윙 궤도가 완만해질 때 모래를 스쳐가게 된다.

그린 주변 벙커에서는 클럽은 약간 짧게 잡는다

오픈스탠스로 두 발을 깊숙이 묻고 클럽 페이스를 열고 스윙을 했는데도 볼이 일정하게 가지 않는 주말골퍼들이 종종 있다. 이때는 클럽을 약간 짧게 잡는 것이 좋다. 왜냐하면 발이 모래에 묻은 만큼 손과 볼과의 거리가 줄어들었기 때문이다. 따라서 그 줄어든 거리만큼 클럽을 약간 짧게 잡으면 일관성 있는 샷이 가능해진다.

벙커 샷에서는 발을 모래에 깊숙히 묻고, 묻은 만큼 클럽을 짧게 잡고 스윙해야!

볼을 띄우려면 볼을 내리쳐야 한다

볼을 띄우려고 체중을 오른발에 두고 몸을 뒤로 기울여 스윙하는 주말골퍼들이 많은데, 의도와 달리 볼은 낮게 나가다가 러프에 떨어지고 만다. 모든 샷에서 볼을 띄우는 것은 스윙하는 사람의 동작이 아니라, 클럽 헤드의 로프트라는 사실을 명심하자. 아이언 샷에서 다운블로로 치면 볼이 낮게 날아갈 것 같지만, 사실 볼은 클럽 헤드의 로프트에 의해 공중으로 솟아오른다. 반대로 볼을 띄우려고 퍼올리는 어퍼블로로 치면 뒤땅치기의 덥이 나거나 톱이 나서 낭패를 볼 뿐이다. 행여 볼이 제대로 맞았다 해도 로프트를 이용하지 못하고 그저 낮게 날아갈 뿐이다.

[일반 스윙에의 로프트의 역할]

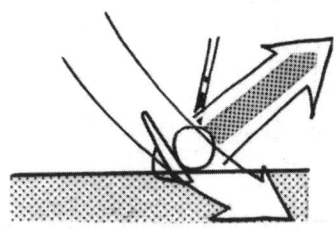

로프트를 이용하여 다운 블로 스윙을 하면 볼은 높이 뜬다.

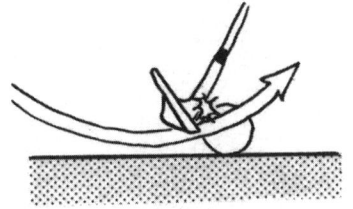

높이 띄우려고 퍼올리는 어퍼블로 스윙을 하면 톱이 나기 쉽다.

벙커 샷도 마찬가지다. 볼을 높이 띄우고 싶으면 몸을 뒤로 기울이지 말고 그대로 내리치면 된다. 다운스윙 시 오른쪽 무릎이 왼쪽으로 오게 하고 오른쪽 어깨가 턱밑으로 오게 하면 된다. 그러면 볼은 공중으로 떠서 벙커에서 탈출하여 안전한 지역으로 가게 된다.

[높이 띄우는 벙커 샷]

벙커를 탈출하자마자 바로 멈추게 하는 비법

벙커를 탈출한 것까지는 좋았는데, 홀컵이 가까이 있어서 볼이 홀컵을 지나 멀리 간다면 정말로 아쉽다. 그렇다고 아이언 샷처럼 볼에 백스핀을 넣을 수도 없고. 이럴 때는 도대체 어떻게 해야 할까?

답은 간단하다. 볼을 공중으로 높이 솟구치게 하는 것이다. 그러면 볼은 높이 솟았다가 떨어졌으므로 그린에서 바로 멈추게 된다. 그럼 어떻게 쳐야 볼이 높이 솟을까?

엄청 강한 다운블로 스윙을 벙커 샷에 가미하면 된다. 즉 백스윙 시 손목을 아주 빨리 꺾어서 코킹을 하여 급히 샌드웨지를 들어올린다. 그리고 나서 볼 뒤의 3~5cm 뒤의 모래를 사정없이 내리치는 것이다. 물론 팔로스루는 신경쓰지 않아도 된다. 그렇게 되면 볼은 엄청 빠른 속도로 높이 튀어오르게 되고 그린 위에 떨어져서는 바로 멈추는 좋은 샷이 될 것이다.

볼 앞 3~5cm 지점을 향해 그대로 내리친다.

왼발이 내려가는 내리막 벙커에서의 샷

내리막 벙커에서 평소와 같은 스윙을 하면 볼은 그린을 지나쳐서 굴러가게 된다. 왜 그럴까?
평평한 벙커에서의 스윙 궤도와 내리막 벙커에서의 스윙 궤도를 비교해 보면 바로 원인이 나온다. 볼 뒤의 3~5cm를 똑같이 스치듯이 쳤다면, 당연히 내리막 벙커에서는 모래와의 접촉 면이 매우 적어진다.

그렇다면 어떻게 해야 평평한 모래와 같은 샷을 할 수 있을까?

내리막에서는 경사가 낮은 왼발에 체중을 싣는다.

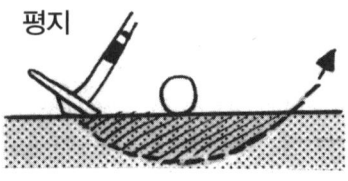

내리막에서는 모래와의 접촉 면적이 적다.

평지

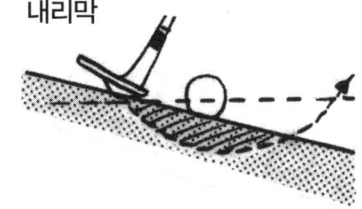

내리막

평평한 벙커에서와 같이 모래와의 접촉 면을 만들어 주면 된다. 그러기 위해서는 평소의 2배 정도 볼 뒤쪽을 쳐 주면 된다. 평소에 3cm 지점을 쳤다면 6cm 지점을 쳐 주고, 5cm 지점을 쳤다면 10cm 지점을 쳐 주는 것이 비법이다. 이때 체중은 왼발에 싣고 볼은 오른발 쪽에 둔다. 물론 톱볼이 되기 쉬우므로 팔로 스루는 낮게 한다.

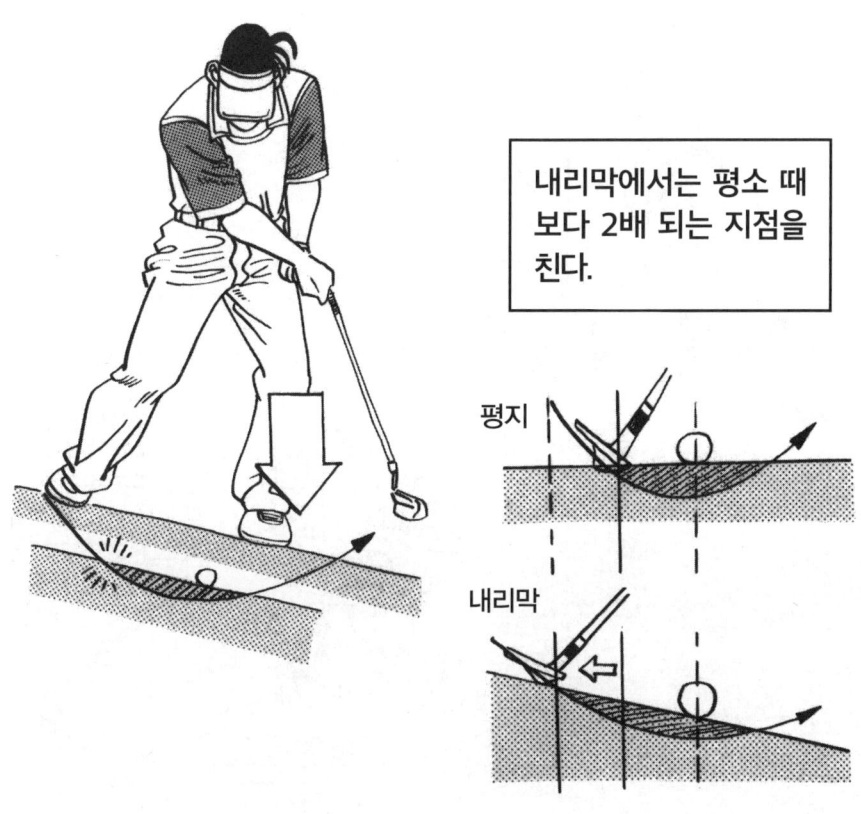

내리막에서는 평소 때보다 2배 되는 지점을 친다.

왼발이 올라가는 오르막에서의 벙커 샷

오픈스탠스이나 두 어깨는 타깃 라인과 평행을 유지한다. 경사가 낮은 오른발에 체중을 싣고 스윙하며, 팔로우는 하지 않는다. 오르막 경사면에서의 샷의 핵심은 임팩트 이후에 있다.

임팩트 이후에 헤드를 왼쪽으로 잡아당기지 않고 그대로 앞으로 쭈욱 미는 데 있다. 그래야만 페이스가 덮이지 않아 볼이 뜰 수 있다.

볼이 발보다 낮으면 하체를 고정하고 왼쪽을 겨냥하라

볼은 경사면을 따라가려는 경향이 있다. 볼이 발보다 낮을 때는 오른쪽(낮은 쪽)으로 향하는 경향이 있고, 반대로 볼이 발보다 높을 때는 왼쪽(낮은 쪽)을 향하는 경향이 있음을 기억하자.

[볼이 높을 때는 훅볼]   [볼이 낮을 때는 슬라이스]

벙커 샷에서 제일 어려운 상황은 볼이 발보다 낮은 경우다. 이때는 엉덩이와 무릎을 굽혀 자세를 잡아야 한다. 그런데 다운스윙 시 무릎이 들리면서 상체가 세워져 톱이 나기 쉽다. 샷을 하는 동안 무릎을 펴지 않는 것이 샷의 핵심인데, 그렇게 하기 위해서는 클럽의 끝을 잡고 가능한 한 볼에 가까이 간다.

볼이 발보다 낮은 샷에서는 볼이 오른쪽으로 휘는 경향이 있다. 그러므로 목표의 왼쪽을 겨냥하여 커트 인의 타법이 되도록 쳐야 한다. 그러면 볼은 목표의 왼쪽을 향해 날아가다가 그린에 떨어져서는 오른쪽으로 바운드하게 되어 홀컵을 향해 갈 것이다.

볼이 발보다 높을 땐 목표 오른쪽을 겨냥하라

볼이 발보다 높을 상태에서 클럽을 짧게 잡고 평소와 같이 샷을 했을 때 훅이 나와 당황했던 경험이 누구나 있을 것이다. 오르막에서는 감아 치거나 덮어 치기 쉬우므로 훅이 난다. 그러므로 목표의 오른쪽을 향해 어드레스한다.

백스윙 시 코킹을 하여 클럽을 급히 쳐 올렸다가 곧바로 모래로 처박는 스윙을 하는데, 클럽 헤드가 모래 속에서 멎지 않도록 해야 한다.

후라이드 에그

벙커 샷도 어려운데 볼까지 모래 속에 박혀 있으면 그야말로 난감하다. 이때는 볼을 백스핀으로 탈출시키는 것 자체가 불가능하며, 오직 탈출에만 신경을 써야 하는 상황이다.
이 샷의 핵심은 클럽 헤드가 확실히 볼 밑을 통과하면서 폭발력을 가져야 하는 것이다.

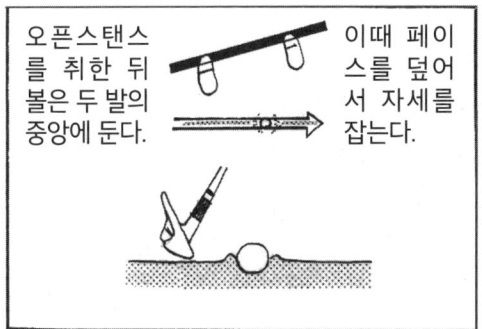

볼은 두 발의 중앙에 두고 클럽 페이스를 목표와 직각으로 하여 어드레스한다. 손이 볼보다 전방에 위치하는 핸드 퍼스트 자세가 되므로 클럽을 빠르게 치켜 올렸다가 그대로 모래에 쳐 내린다. 이때는 팔로 스루 없이 찍듯이 쳐 줘야 한다.

스탠스는 벙커 밖, 볼은 안

볼이 발 아래 위치하므로 균형을 잡는 것이 핵심이다. 스윙 중에 다리와 허리를 펴면 안 되며, 오직 팔로만 스윙을 해야 한다.
클럽 페이스를 약간 오픈하며, 슬라이스가 나기 쉬우므로 목표의 왼쪽을 겨냥한다. 클럽은 길게 잡고 머리는 반드시 고정한 채 샷한다.

스탠스는 벙커 안, 볼은 밖

볼이 허공에 뜬 듯하여 마치 야구 스윙처럼 하게 되어 감아 치거나 덮어 치기 쉽다. 서너 번 연습 스윙을 함으로써 정확한 타점과 임팩트 시의 클럽 페이스의 방향을 점검해야 한다. 그래야 볼의 방향과 페이스의 오픈 정도를 가늠할 수 있다.

클럽을 가능한 짧게 잡고 볼은 오른쪽에 두며, 클럽 페이스를 오픈하고 목표 오른쪽을 향해 어드레스한다. 단 이때는 절대로 코킹을 하지 않는다.

왼발은 벙커 턱, 오른발은 벙커 안

비록 볼이 목표한 곳과는 반대나 다른 쪽으로 가더라도 편한 자세로 칠 수 있는 곳으로 샷하는 것이 좋다. 그러나 꼭 목표를 향해 쳐야 할 상황이라면 왼발을 무릎 꿇고 둔덕에 올려 놓고 오른발은 모래를 딛고 서야 자세를 잡을 수 있다. 이때는 전적으로 팔과 손목에 의한 샷을 해야 한다.

전적으로 상체(팔과 손목)로만 샷을 해야 한다.

클럽 페이스를 오픈한다.

60야드 벙커 샷에서는 피칭웨지를 쓴다

60야드 벙커 샷은 프로들도 핀에 붙이기 어렵다. 이때는 일반 벙커 샷과 달리 직접 볼을 클린 히트시켜야 한다. 피칭웨지를 잡고 오픈스탠스로 자세를 잡는다. 이때 볼은 오른발 끝에 둔다. 손은 보통 벙커 샷처럼 두기에 핸드 퍼스트의 각도가 더욱 커진다. 클럽 페이스가 목표에 대해 직각을 유지하도록 한다. 그 자세에서 코크 없이 팔만 들어 백스윙을 한다.
모양의 유지를 위해 어깨선과 두 팔이 만드는 삼각형을 유지하면서 클린 히트를 노린다. 팔로우는 의식하지 않고 볼을 치며 런이 많이 발생하므로 미리 런을 계산해야 한다.

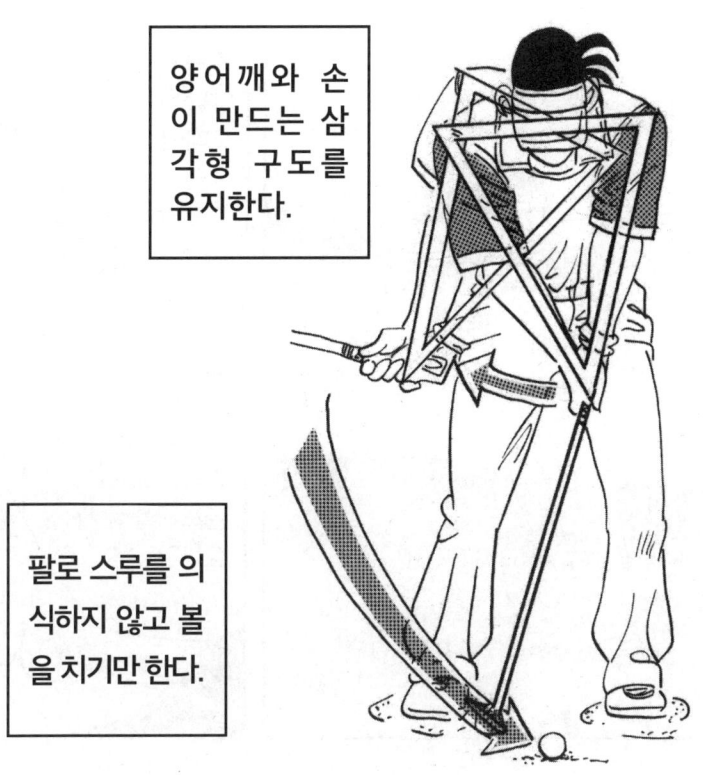

양어깨와 손이 만드는 삼각형 구도를 유지한다.

팔로 스루를 의식하지 않고 볼을 치기만 한다.

60야드 벙커 샷은 클린 히트해야 한다

그린 주변의 벙커 샷은 볼 앞의 모래를 치지만, 60야드 벙커 샷은 직접 볼을 클린 히트해야 한다. 클린 히트를 하면서도 60야드라는 거리에 맞게 해야 하므로 스탠스를 좁게 한다. 스탠스가 좁으면 큰 스윙을 못하므로 강하게 쳐도 거리를 맞힐 수 있다. 이때 클럽을 짧게 잡으면 클린 히트가 된다.

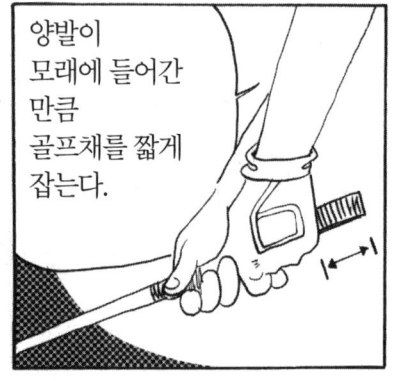

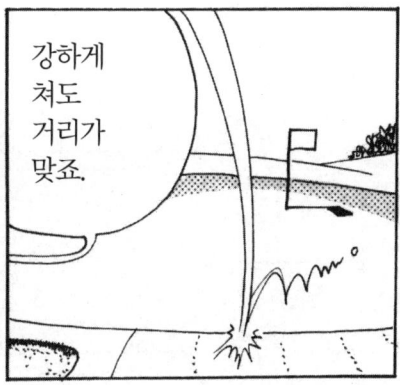

벙커 샷은 거리에 관계 없이 항상 일정하게 스윙하라

벙커 안의 볼과 홀컵과의 거리가 가까우면 샷을 약하게 하고, 멀면 샷을 강하게 하는 주말골퍼들이 있는데, 이는 해서는 안 되는 스윙이다. 어떤 스윙이든 항상 일관성 있게 샷을 해야 게임의 흐름을 탈 수 있다. 이 일관성이 무너지면 스윙의 템포를 잃어버려 실력이 늘지 않는다. 벙커 샷 또한 볼과 홀컵과의 거리에 관계 없이 스윙 템포는 항상 일정해야 한다.

거리를 맞추는 비법은 바로 볼 앞 모래를 치는 지점에 있다. 20미터 정도의 긴 샷은 평소처럼 3~5cm 지점을 친다. 10미터 정도의 샷은 5~7cm 지점을 친다. 5미터 정도의 짧은 샷은 8~10cm 지점을 친다. 이렇게 하면 늘 스윙 템포를 일정하게 하면서 거리도 맞출 수 있다.

[내리치는 지점과 거리]

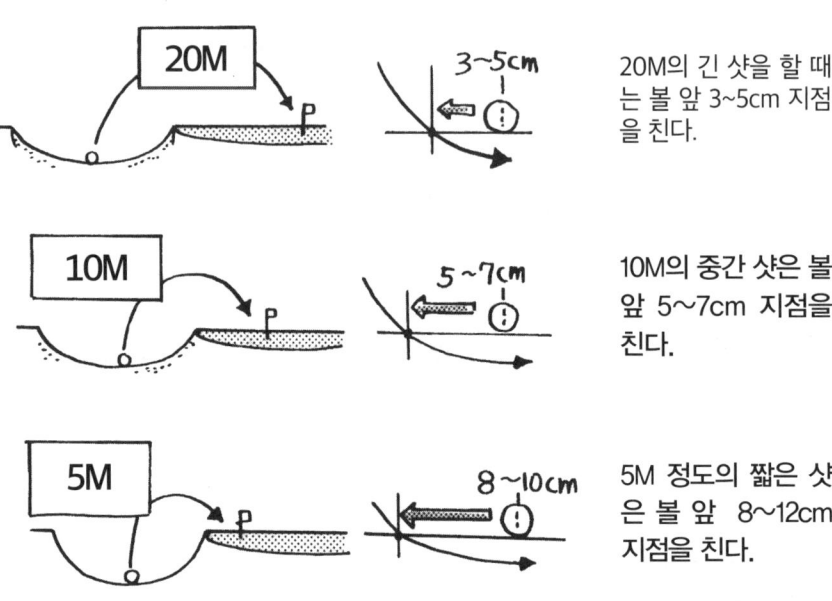

20M의 긴 샷을 할 때는 볼 앞 3~5cm 지점을 친다.

10M의 중간 샷은 볼 앞 5~7cm 지점을 친다.

5M 정도의 짧은 샷은 볼 앞 8~12cm 지점을 친다.

장마철 벙커 탈출법

장마철 벙커에서 평소와 같은 방법으로 모래 뒤를 쳤다가 클럽이 튀어 놀란 경험들이 주말골퍼라면 한 번쯤 갖고 있을 것이다. 물론 샷은 미스 샷이 되어 볼은 여전히 벙커 안에 있고……
왜 그럴까? 클럽 헤드가 비에 젖어서 단단한 모래에 바운드되었기 때문이다. 그럼 어떻게 해야 탈출할 수 있을까?
장마철 벙커의 모래는 비에 젖어 단단해진다는 것을 인식한다면 탈출 방법은 나온다. 평소의 벙커 샷보다도 좀더 세게 스윙하는 것이다. 땅이 굳어 있으므로 팔로 스루 역시 길게 해야 한다. 즉 스윙을 세게 하면서 평소보다 긴 샷을 한다는 마음으로 스윙을 해야 탈출이 가능해진다.

겨울철과 같은 딱딱한 모래

일반적으로 겨울철에는 모래가 얼어 벙커가 딱딱해진다. 그런데 1년 내내 딱딱한 모래가 있는 벙커도 있다. 이런 곳은 모래가 매우 적어서 거의 딱딱한 지면과도 같다. 이렇게 딱딱한 벙커에서 평소와 같은 샷을 하면 어떻게 될까?
클럽 헤드는 바닥과 부딪혀서 튕겨나가게 되고 결국은 볼의 윗부분을 치는 톱이 난다. 이를 방지하기 위해서는 어떻게 해야 할까?

언 모래를 직접 가격하면 그 충격으로 톱이 난다.

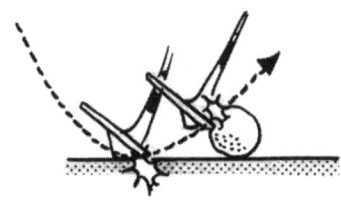

볼을 스탠스 중앙에 두고 볼 가까이 히팅한다.

이럴 때는 2가지 방법이 있다.

첫째는 볼을 스탠스 중앙에 두고 클럽 페이스는 스퀘어로 한다. 팔과 코킹을 이용해 백스윙을 한 뒤 V자에 가까운 스윙을 하여 볼 가까이 히팅하는 방법이다.

둘째는 평소와 같이 위치한 뒤 클럽 헤드의 스피드를 줄이기 위해 백스윙을 짧게 한 뒤 평소와 같이 스윙한다. 즉 바운드를 최대한 약하게 하는 것이다.

두 방법 중 연습을 통해 자신에게 맞는 방법을 찾는 게 좋다.

벙커 샷 요약	
일반	클럽의 모양과 기능을 이해한다.
	모래의 특성을 이해한다.
	거리와 방향 맞추기를 연습한다.
스탠스	스탠스는 비교적 좁게 선다.
	오픈스탠스로 선다.
	체중을 왼쪽 발에 둔다.
스윙	백스윙은 어깨 정도로 하고, 부드러운 스윙을 한다.
	볼의 5cm 뒤를 친다.
	임팩트에서 클럽 헤드가 먼저 빠지는 것을 확인한다.

8장
러프에서의 샷

잔디가 긴 러프에서는 코킹을 이용한 V자 스윙을

잔디가 긴 러프에서 평소처럼 나직하게 백스윙을 하면, 다운스윙 역시 완만한 곡선을 그리며 내려오게 된다. 결국 볼에 이르기도 전에 잔디에 부딪혀서 클럽 헤드의 스피드가 죽는 것은 당연한 결과다. 어떻게 해야 다운스윙 시 잔디를 피해 볼을 직접 맞출 수 있을까?

다운스윙은 백스윙의 역동작이다. 백스윙 시 클럽 헤드가 잔디와 닿지 않도록 V자로 들어올리면 다운스윙 역시 V자로 내려오게 된다. 백스윙 시에는 팔을 이용해 들어올리면서 동시에 손목을 이용해 코킹한다. 다운스윙 시에는 다운 블로 타법으로 히팅하는 느낌으로 해야 한다.

코킹을 이용하여 V자 스윙을 한다.

클럽 헤드 속도는 잔디를 잘라 낼 정도로

러프 샷에서 최악의 경우는 바로 스윙 중에 클럽 헤드가 잔디에 걸려 멈추는 것이다. 이것이야말로 나와서는 안 되는 경우다. 그럼 어떻게 해야 클럽 헤드가 제 속도를 지닌 채 끝까지 스윙이 될 것인가?
러프 샷에서 다운스윙의 핵심은 바로 머리를 움직이지 않는 것이다. 그러기 위해서는 체중을 애초에 왼발에 두고 스윙을 해야 한다. 머리를 고정하고서 V자 스윙의 팔로 스루를 해야 한다. 그래야만 풀이 잘릴 정도의 속도 있는 스윙이 가능해진다.

볼을 평소보다 오른쪽에 두는 이유

풀이 길게 자란 러프에서 볼을 평소와 같이 왼발뒤꿈치 선상에 두고 샷을 했다가 미스 샷을 한 경험은 주말골퍼라면 누구나 갖고 있을 것이다. 왜 그런 미스 샷이 나올까?

러프에서의 샷은 무엇보다도 클럽 헤드가 풀들의 저항을 피해 직접 볼을 때리는 것이 핵심이다. 그런데 볼을 평소와 같이 왼발 쪽에 두면 클럽 헤드가 볼에 맞기 전에 풀들을 헤치고 나가게 된다. 당연히 헤드 스피드가 떨어지는 것은 물론 볼에 정확하게 맞지도 않게 된다. 결국 볼은 20미터

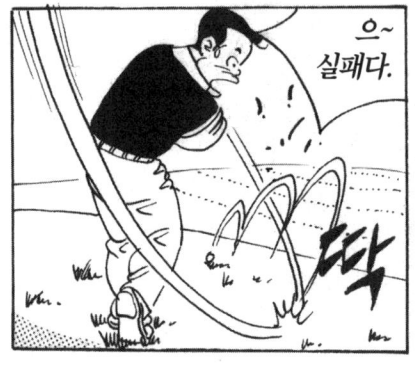

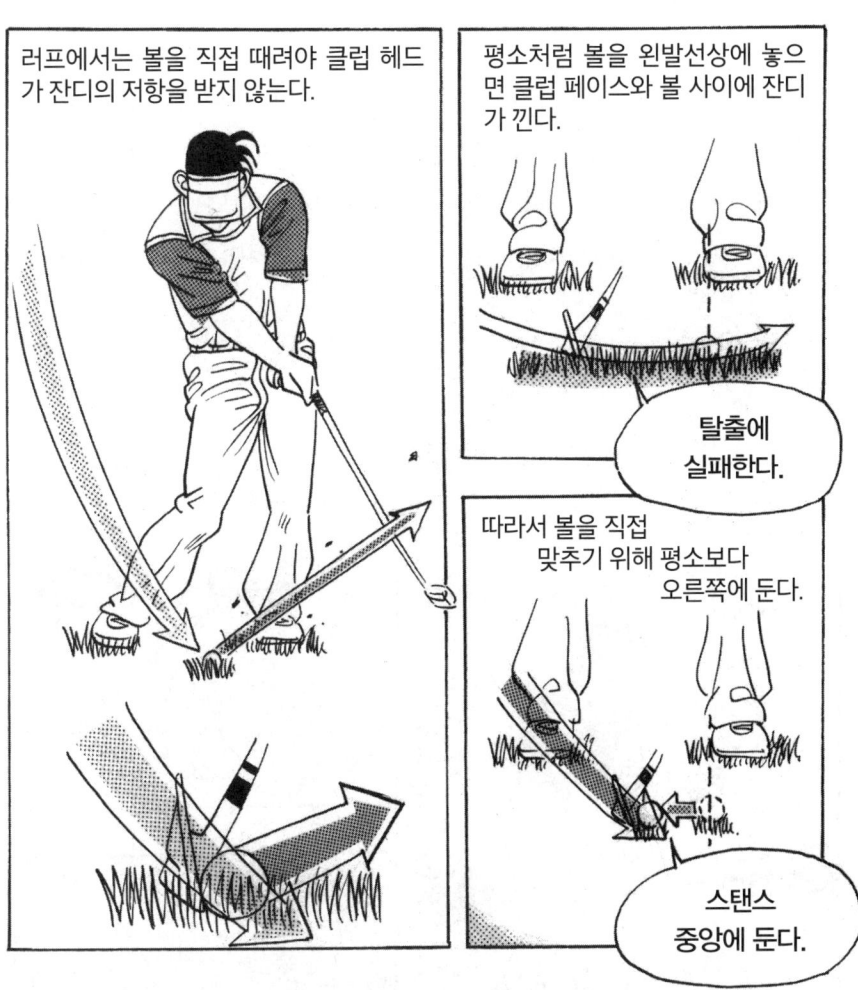

도 날아가지 못한다.
답은 간단하다. 볼을 오른발 쪽에 두는 것이다. 그러면 클럽 헤드가 잔디와 닿기 전에 볼과 직접 부딪히게 되어 속도를 죽이지 않고 스윙을 할 수 있다.

윽! 훅이다!!

러프에서는 왼쪽으로 빗나가는 훅이 나기 일쑤다. 왜냐하면 클럽 헤드가 다운스윙 시 무성한 풀에 걸려서 방향이 뒤틀리게 된다. 이때 클럽 샤프트 역시 손아귀에서 뒤틀리게 되어 볼을 감아 치게 되므로 볼이 똑바로 나가는 것이 불가능해진다. 이러한 훅볼을 방지하려면 어떻게 해야 할까?

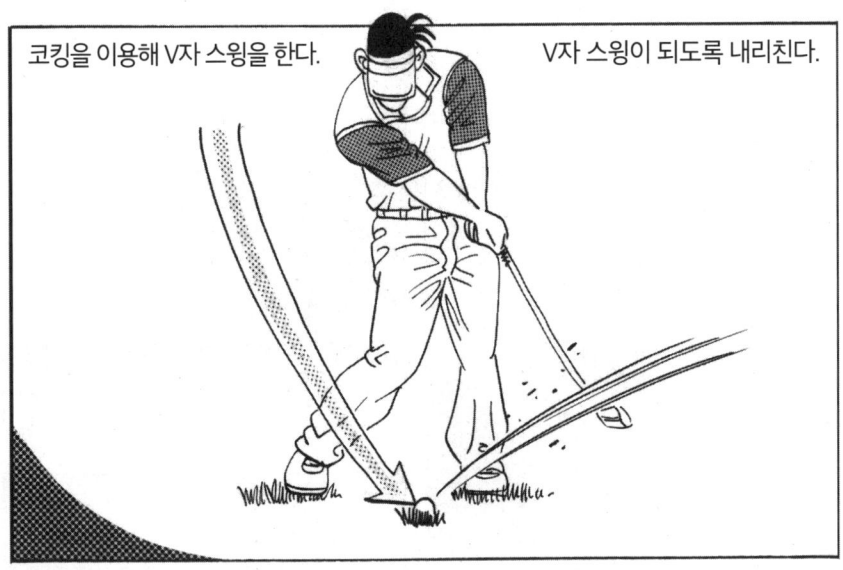

훅볼을 예방하기 위해서는 일반적으로 오픈스탠스를 취한다. 러프에서도 역시 훅볼을 예방하기 위해 오픈스탠스를 취하는 것이 기본이다. 체중은 왼발에 싣고 클럽 페이스를 약간 오른쪽을 향하도록 오픈한다. 클럽 페이스를 약간 오픈했기에 클럽 헤드가 잔디의 방해를 받아 약간 감기더라도 훅볼이 되는 것을 방지할 수 있다.

가장 맞히기 어려운, 풀잎에 뜬 볼

볼이 풀잎에 뜬 것을 보고 러프에 빠지지 않아 잘됐다고 생각한다면 그야말로 주말골퍼라는 증거다. 왜냐하면 그러한 경험은 의외로 잘 나오지 않기 때문에 뜬 볼의 어려움을 모르기 때문이다. 이 경우 주말골퍼들의 샷은 거의 대부분 볼 아래를 쳐 버리고 만다. 물론 볼 아래의 잔디는 잘려서 날리고, 볼은 그저 약간의 이동만 있을 뿐이다!

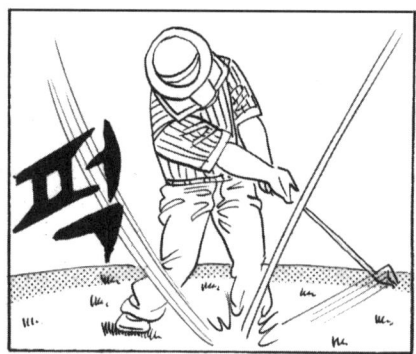

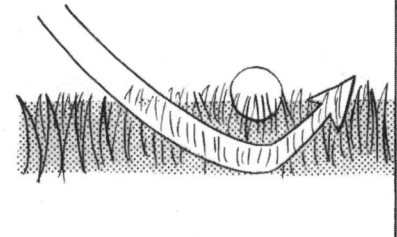

그럼 어떻게 해야 볼을 직접 맞힐 수 있을까?
볼이 러프에 뜬 경우의 스윙 비법은 어드레스에 있다. 클럽 헤드를 지면에 대는 것은 절대 금물이다. 반드시 볼의 톱 부분에 클럽 헤드를 어드레스해야 한다. 그래야만 볼을 직접 맞히는 샷이 가능해지고 볼 아래에 있는 풀을 자르는 스윙을 하지 않을 수 있다.

[올바른 어드레스]

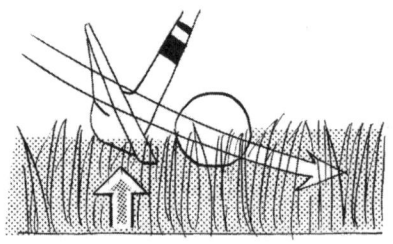

지면에서 클럽 헤드를 띄운다.

[잘못된 어드레스]

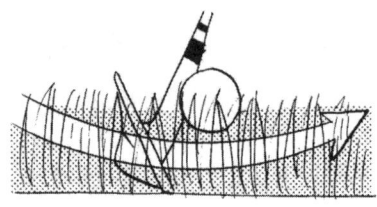

클럽 헤드를 지면에 대면 볼 아래 잔디만 잘린다.

러프 상태에 따라 탈출 방법이 다르다

볼이 비록 러프에 있다고 해도 무조건 강하게 친다고 해서 탈출할 수 있는 것은 아니다. 볼이 러프의 잔디 위에 어떤 상태로 있느냐에 따라 클럽과 스윙 방법이 바뀌게 된다. 가령 볼이 러프에 깊이 파묻혀 있다면, 비록 남은 거리가 200미터라 해도 샌드웨지로 쳐서 탈출하는 것이 우선이다. 즉 라이에 따라 클럽과 타법을 미리 정해야 한다.

볼 아랫부분에만 풀이 있는 경우에는 우드 클럽이나 롱 아이언으로 가능하다.

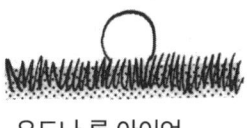
우드나 롱 아이언

볼 중간 부분까지 풀이 있는 경우에는 우드는 불가능하고 미들 아이언 이하는 가능하다.

미들 아이언

볼 3/4 부분까지 풀이 있는 경우에는 8~9번 아이언이 가능하다.

8~9번 아이언

볼 거의 윗부분까지 풀이 덮인 경우에는 오직 샌드웨지만이 가능하다.

샌드웨지

키가 작은 러프에서는 한 단계 높은 아이언을 쓴다

키가 작은 러프에서는 볼이 반 정도 풀 속에 묻혀 있게 마련이다. 이러한 곳에서 일반적인 러프 샷의 요령(오픈스탠스 상태에서 클럽 헤드를 오픈한 뒤 V자 스윙을 함)으로 샷을 하게 되면, 볼이 자신이 생각한 거리보다 10미터 정도 더 나가게 된다. 왜 그럴까?

이유는 볼과 클럽 헤드 사이에 낀 풀이 클럽 페이스가 역스핀을 만들 여유를 주지 않기에 볼은 결국 톱 스핀이 걸리게 된다. 오버 스핀이 걸린 만큼 볼은 런이 더 많아진다. 이렇게 10미터 정도 런하는 것을 '플라이어(Flier)'라고 하는데 어떻게 해야 플라이어를 방지할 수 있을까?

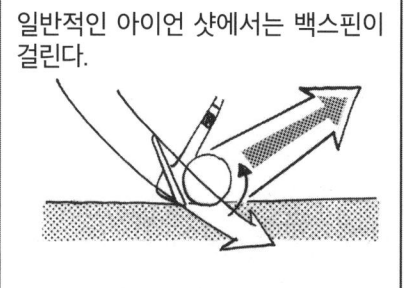

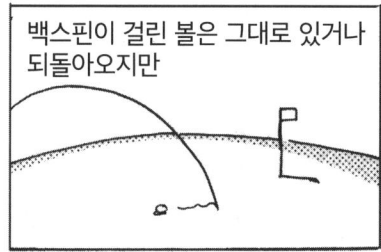
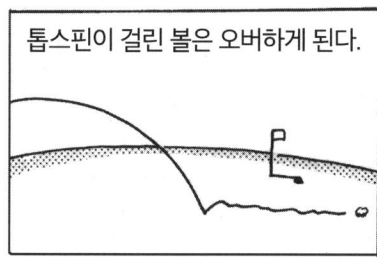

백스핀이 일어나지 않는다는 것을 감안한다면 답은 금방 나온다. 거리를 덜 나가게 하면 된다. 평소 7번 아이언을 사용했다면, 이 경우에는 8번 아이언을 사용하면 된다. 만일 8번이라고 생각된다면 9번 아이언을 사용하면 된다.

9장
트러블 샷의 핵심

트러블 샷에서 긴장은 최대의 적

드라이버로 멋지게 날린 샷이 그만 슬라이스되어 페어웨이 바로 옆 러프에 떨어진 경험은 누구에게나 있다. 세컨 샷이 라이가 좋지 않은 러프에 빠졌을 때 부드럽게 빠져나올 수 있다면 주말골퍼들이 염원하는 싱글도 가능할 것이다. 하지만 라이에서 샷한 볼은 여지없이 덥이나 톱이 나니 싱글의 길은 멀기만 한 것 같다.

그렇게 되는 원인은 단 한 가지. 라이가 나쁘니까 샷도 어려울 것이라는 생각에 긴장을 하기 때문이다. 긴장하는 주말골퍼들의 어드레스 자세를 보면, 우선 그립에 힘이 평소보다 세게 들어가고, 두 다리에도 힘이 들어가 뻣뻣하게 펴져 있다. 오히려 미스 샷이 나지 않는 게 더 이상할 지경이

긴장을 풀고 평소처럼 어드레스한다.

무릎을 굽히고 라이에 맞춰서 볼을 스탠스 중앙에 둔다.

다. 어떻게 해야 러프에서 쉽게 탈출할 수 있을까?

'급할수록 돌아가라'는 속담이 답이다. 라이가 좋지 않더라도 평소대로 스윙하면 된다. 우선 긴장을 풀고 어드레스한다. 그립도 평소처럼 잡고 무릎도 평소처럼 구부린 뒤 아주 천천히 백스윙을 한다. 초보자일수록 긴장하면 백스윙이 빨라지므로, 백스윙을 반드시 느리게 해야 한다는 점을 명심하자. 단 백스윙은 느리게 하되, 다운스윙에서 팔로 스루는 빠르게 해야 클럽 헤드의 스피드를 살려 볼을 클린 히트할 수 있다. 그러면 러프에서 쉽게 탈출할 수 있다.

트러블 샷에서는 마음을 비워라

주말골퍼들의 경우, 트러블 지역인 벙커나 숲에 들어갔을 때, 거리에 대한 욕심 때문에 그린 가까이 보내려는 샷을 하려다가 오히려 더욱 상황이 더욱 나빠진 경험이 있을 것이다. 그런데도 매번 같은 실수를 반복하는 이유는 무엇일까?

원인은 바로 거리에 대한 욕심이다. 트러블 지역에서 샷을 할 때는 거리에 대한 욕심을 버리고, 다음 샷을 하기 쉬운 장소를 확인한 뒤 바로 그곳에 볼을 보내야 한다. 그래야만 평정심을 되찾아 자신의 본래 스윙을 찾을 수 있다. 만일 그린 가까이 보내겠다는 욕심이 앞서서 또다시 실수를 유발한다면 제3, 제4의 실수를 하게 어 그날 게임을 망치게 된다.

디보트에서의 샷은 벙커 샷과 비슷하다

디보트는 아이언 샷에 의해 잔디가 파헤쳐진 자국을 말한다. 디보트에 빠진 볼은 치기도 어렵지만 거리를 맞추기는 더욱 어렵다. 이때는 벙커 샷과 비슷하다고 생각하면 된다. 오픈스탠스로 자세를 잡고 볼을 오른발 가까이 둔다. 이런 자세에서 반드시 손이 볼보다 목표 쪽에 오는 핸드 퍼스트 자세를 유지하는 것이 핵심이다. 만일 손이 볼보다 후방에 오게 자세를 잡고 샷을 하게 되면, 볼의 뒤를 때리게 되어 볼은 짧게 나가다가 오른쪽으로 빠지게 된다.

핸드 퍼스트의 자세를 잡으면 클럽 페이스가 덮이게 된다. 백스윙은 재빨리 코크를 이용해서 비구선을 따라 올린다. 다운스윙은 위에서 내리치는 V자 스윙을 하며, 팔로 스루는 무리해서 잡지 않는다. 그러면 볼은 낮게 날아간다.

오르막에서는 평지보다 한 단계 긴 클럽을 사용하라

평소 평지에서 8번 아이언으로 충분한 샷을 한 사람이라면, 오르막 샷에서 거리가 짧아지는 것을 경험했을 것이다. 그 이유는 바로 오르막 라이의 특징 때문이다. 오르막에서는 평지보다 볼이 훨씬 높이 솟기 때문에 그만큼 거리가 짧아진다. 게다가 몸의 중심을 왼발에 두지 않고 오른발에 두고 스윙을 하는 주말골퍼들은 어퍼블로 스윙이 되어, 그저 높이 뜨고 거리는 나오지 않는 전형적인 미스 샷만 유발할 뿐이다.

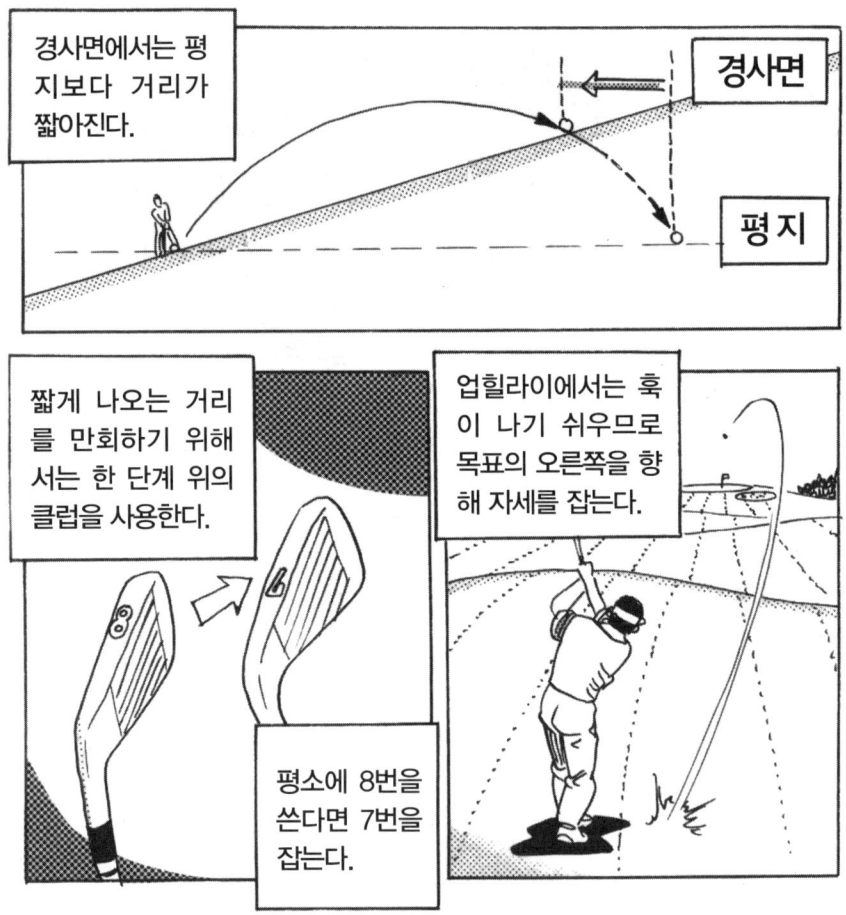

우선 거리의 만회하기 위해 평지에서보다 한 단계 위의 클럽을 사용해야 한다. 평지에서 8번 아이언을 사용한 거리라면 오르막에서는 7번 아이언을 사용한다. 또한 오르막에서는 체중이 오른발에 실리기 때문에 퍼 올리는 스윙이 되기 쉽다. 이를 방지하는 다운 블로 스윙을 하기 위해서는 손이 볼보다 목표 쪽을 향하는 핸드 퍼스트 자세를 유지해야 한다. 볼은 스탠스 중앙에 둔다.

볼이 발보다 낮은 라이에서는 목표 왼쪽을 겨냥하라

경사면에서 평지와 똑같이 어드레스를 한다면 분명 볼은 슬라이스가 나거나 훅이 나게 마련이다. 볼은 항상 경사진 쪽을 향해 가려는 경향이 있으므로 볼이 발보다 낮은 라이에서는 오른쪽(낮은 쪽)을 향하는 슬라이스가 된다. 반대로 볼이 발보다 높은 라이에서는 왼쪽(낮은 쪽)을 향하는 훅볼이 된다. 이것을 명심한다면 해답은 쉽게 나온다.

볼이 발보다 낮은 라에서는 볼이 오른쪽을 향하는 슬라이스가 나오기 쉬우므로 당연히 목표의 왼쪽을 향해 어드레스해야 한다. 또한 볼이 발보다 낮은 만큼 손과 볼의 거리가 길어진다. 그 길어진 거리를 보충하기 위해서 클럽의 끝을 잡고 그립을 해야 한다. 그렇게 하면 볼을 히팅하기 쉬워진다. 이러한 상태로 스윙을 하면 볼은 목표를 향해 날아가게 마련이다.

내리막에서의 샷

그린 쪽으로 경사진 면에서의 샷은 정말 어려운 샷이다. 자칫하다가는 톱이 나거나 덥이 나기 일쑤다.

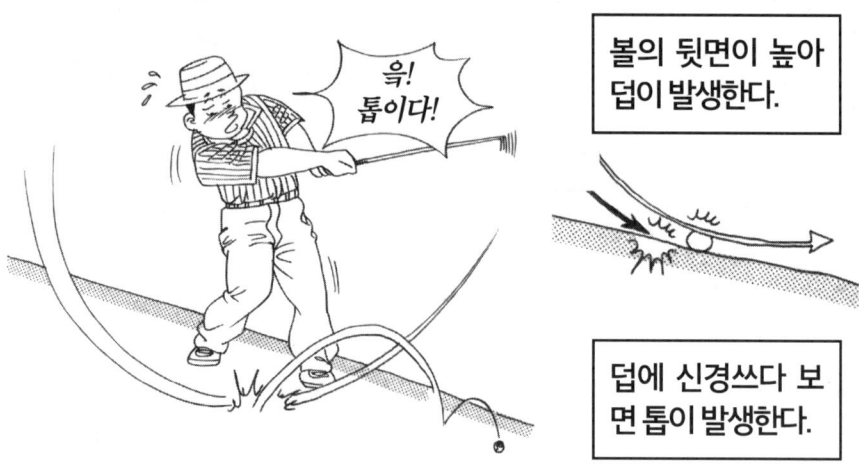

만약 내리막에서의 샷이 늘 톱이나 덥이 난다면 볼의 위치를 살펴봐야 한다. 대부분 볼을 왼발 쪽에 두고 있을 테니 말이다. 왼발 쪽에 볼을 두면 내리막 경사면의 특성상 스윙 궤도의 어퍼블로가 될 때 볼을 때려야 하므로 거의 톱이 나게 된다. 만일 톱을 방지하려고 스윙 궤도를 낮게 잡으면 클럽 헤드가 볼에 이르기도 전에 바닥에 부딪히는 덥이 나는 악순환이 되풀이된다. 그러면 어떻게 해야 할까?

볼의 위치를 오른발 쪽으로 바꾸기만 해도 덥이나 톱이 상당히 예방된다. 그러면 클럽 헤드의 스윙 궤도가 다운 블로 상태에서 직접 볼을 맞히기가 쉬워진다. 이때 무릎의 위치는 스윙 내내 일정하게 유지하는 것이 중요하다.

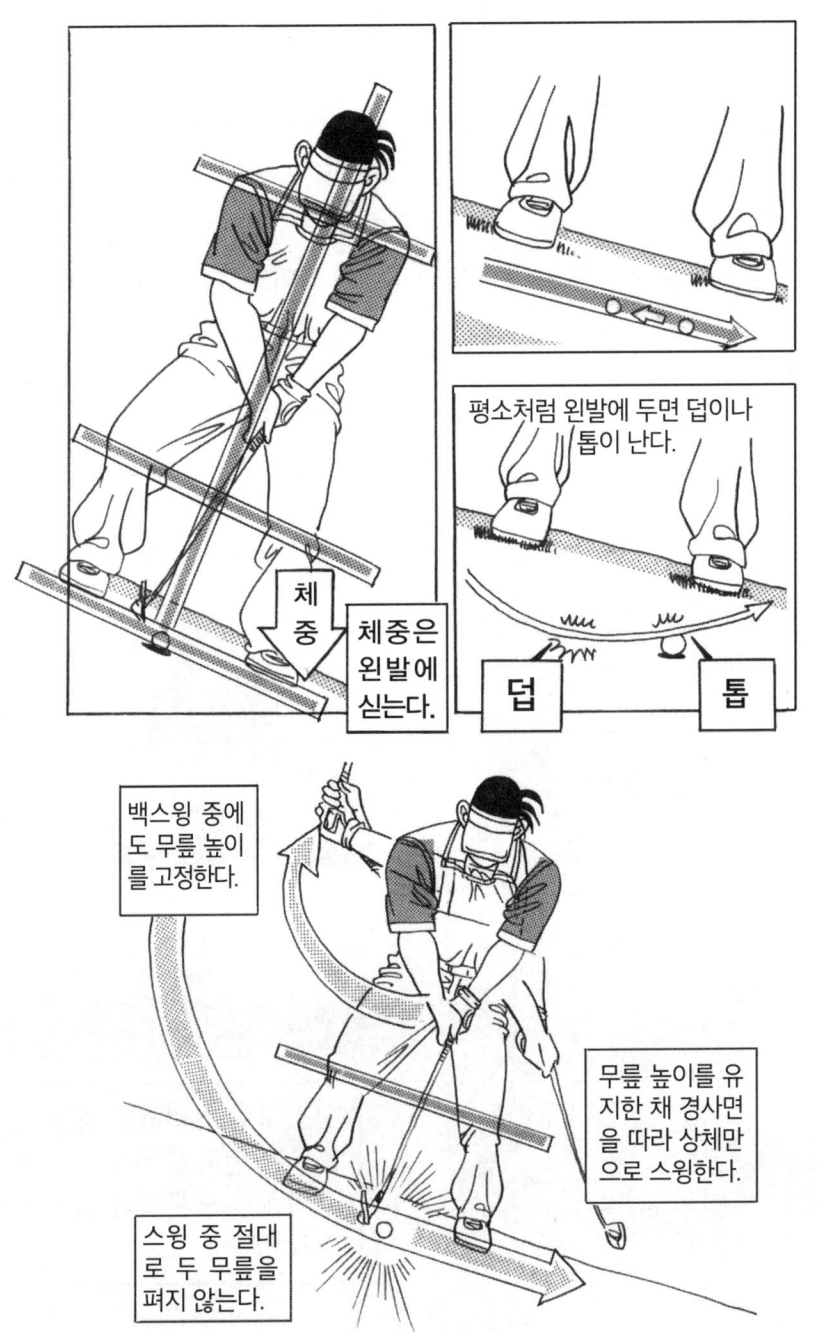

러프와 페어웨이 경계면에 볼이 있을 때

러프와 페어웨이 경계면에 볼이 있을 때처럼 난감한 경우도 없다. 평소 스윙대로 했다가 다운스윙 시 클럽 헤드가 러프에 걸려 미스 샷이 난 경험이 있을 것이다. 도대체 어떻게 해야 이 난관을 헤쳐 나갈 수 있을 것인가? 핵심은 다운스윙 시 클럽 헤드가 러프에 걸리지 않도록 하는 것이다.

[경계면에서 평소 스윙을 하면 실패한다]

평소대로 스윙하면 클럽의 토우가 먼저 풀과 만나면서 페이스가 오픈되어 슬라이스가 된다.

그러러면 백스윙 시 테이크 백을 평소보다 안쪽으로 하여 클럽 헤드가 풀에 걸리지 않도록 하는 것이다. 그러면 다운스윙 시에도 클럽 헤드가 안쪽에서부터 나오므로 긴 풀에 걸리지 않게 된다. 물론 스탠스와 팔로 스루는 정상적으로 한다. 다만 스윙 궤도가 인사이드 아웃이 되므로 훅볼이 되는 것을 고려해야 한다.

[러프를 피하는 스윙을 하라!]

맞음 틀림

클럽 헤드가 러프에 걸리지 않도록 인사이드 아웃의 스윙을 한다.

인사이드 아웃의 스윙은 훅볼이 되므로 목표의 오른쪽을 겨냥한다.

물에 빠진 볼

물에 볼이 빠지면 대부분의 주말골퍼들은 드롭하여 치려고 한다. 그런데 드롭을 하면 2타를 손해 본다. 물론 물이 워낙 깊은 경우에는 할 수 없지만 물 깊이가 4cm를 넘지 않는다면 물속이라도 충분히 볼을 칠 수 있다. 어떻게 하면 물속의 볼을 탈출시킬 수 있을까?

원리는 벙커 샷과 같다. 볼에서 3~5cm 뒤를 겨냥하여 물속을 향해 다운블로 샷으로 쳐 내려가서 팔로 스루로 이어지게 하면 된다. 단 이때는 오직 샌드웨지만을 사용하여 탈출에만 신경 쓴다. 거리는 신경 쓰지 않아도 된다. 일단 탈출만 하면 드롭했을 때보다 1타가 줄어드니 말이다!

[수심이 4cm 이내라면 샌드웨지로 탈출을]

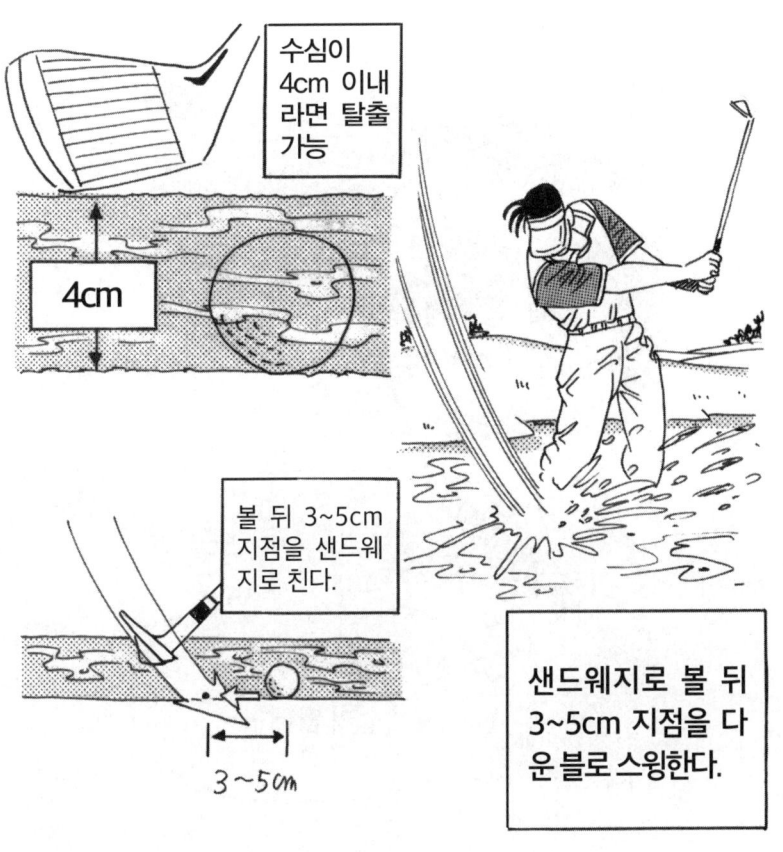

깊은 벙커의 둔덕에 놓인 볼

그린 벙커 중에서도 깊은 둔덕 근처에 볼이 놓이면 난감하기 짝이 없다. 평소의 어드레스로는 홀컵을 향해 도저히 자세를 잡을 수가 없다. 그렇다고 그린을 앞에 두고 다른 곳을 향해 치자니 1타를 버리게 되고. 1타를 버리지 않고 그린에 올릴 수 있는 방법은 없을까?

골프는 생각하는 게임이다. 고정관념을 버리고, 원리를 생각하여 최대한 빨리 그린에 올려놓는다고 생각하면 답이 나온다. 일반적인 어드레스로 그린에 올릴 수 없는 경우라면 어드레스 방식을 바꿔 주는 것이다.

먼저 볼 앞에서 홀을 향해 등을 대고 선다. 그런 자세에서 머리를 숙여서 가랑이 사이로 홀컵과 볼 사이에 클럽 헤드를 대고 조준한다. 그런 다음 클럽 헤드를 똑바로 세워 들었다가 양다리 사이의 볼을 향해 깎아 치듯이 내리친다. 물론 임팩트와 동시에 팔로 스루가 이어지도록 한다. 그러면 볼은 그린 위로 오르게 되고 불필요한 타수 하나를 줄일 수 있는 것이다.

[고정관념을 버려야 가능한 샷]

양다리 사이로 클럽을 조준한다.

조준한 대로 양다리 사이로 깎아 치듯이 내리친다.

아스팔트에서의 샷은 한 단계 짧은 클럽을 사용하라

아스팔트나 시멘트 길에 놓인 볼을 평소 스윙대로 했다가는 홀컵을 지나 오버하게 마련이다. 왜 그럴까?
아스팔트 위에서 친 볼이 오버하는 이유는 딱딱한 바닥이 원인이다. 클럽 헤드가 딱딱한 지면에 닿는 그 충격으로 바운드되게 마련이다.

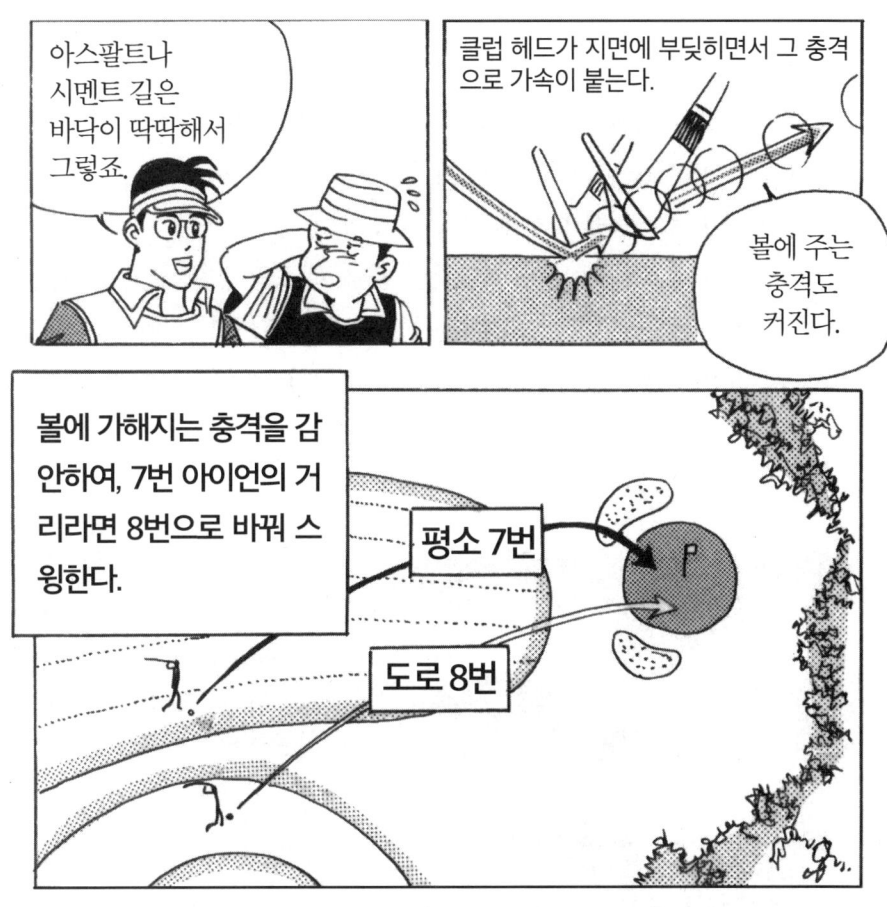

이때 클럽 헤드에 가속이 붙어 볼에 가해지는 충격이 평소보다 커진다. 이 바운드에 의한 충격을 줄이려면 평소보다 한 클럽 짧은 것을 사용해야 한다. 7번 아이언으로 가능한 거리라면 8번 아이언을 사용해야 거리가 오버되는 것을 막을 수 있다.

백스윙 시 나무에 걸리는 경우

그린을 앞에 두고 볼이 숲 근처나 나무 근처에 떨어져 백스윙을 도저히 할 수 없는 경우가 있다. 그렇다고 그린 반대편으로 칩샷을 해서 볼을 빼낸다면 당연히 1타를 버리게 되니 정말로 가슴 아픈 일이다.
어떻게 해야 바로 그린을 향해 볼을 날릴 수 있을까?
방법은 간단하다. 고정 관념을 깨뜨리면 된다. 백스윙이 불가능한 이유는 오른손잡이 위주의 어드레스를 하기에 불가능한 것이므로, 이때는 왼손잡이 위주의 어드레스를 하면 쉽게 탈출할 수 있다.

즉 퍼터를 사용하여 왼손잡이 어드레스를 하는 것이다. 그렇게 되면 백스윙 시 나무에 걸리지 않게 된다. 물론 백스윙은 작게 하고 팔로스윙은 길게 해야 한다. 이때 라이가 좋다면 퍼터 헤드를 목표와 직각이 되게 해서 스트로크하면 된다. 풀이 길어 라이가 좋지 않다면 퍼터 헤드를 90도 돌려서 헤드 끝으로 스트로크하면 탈출이 쉬워진다.

트러블 샷을 해야 할 경우에는 무조건 포기할 것이 아니라, 어떻게 하면 탈출이 가능한가를 먼저 생각하는 습관을 지녀야 할 것이다. 그래야 골프 실력이 향상된다.

라이가 좋지 않을 때는 90도 돌려서 퍼터 끝으로 스윙한다.

퍼터를 잡고 왼손잡이 어드레스를 한다.

나무를 감싸 돌아가는 훅볼을 치자

전방에 나무가 있고 그 뒤에 그린이 있다면 어떻게 쳐야 할까? 볼이 나무에 맞을지 모르므로 나무 근처 오른쪽이나 왼쪽에 볼을 갖다 놓고 다시 그린을 향하면 되지 않을까? 만일 이렇게 2타에 걸쳐 그린에 도착할 생각이라면 싱글은 꿈도 꾸지 말라. 골프는 생각하는 운동이다. 앞에 장애물이 있다면 넘길 생각을 해야 한다.

[한 번에 가는 방법은?]

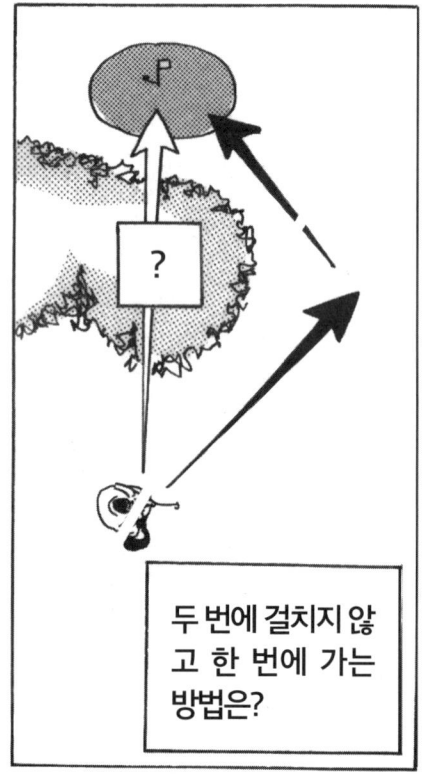

방법은 나무를 향해 훅볼을 치는 것이다. 먼저 나무를 향해 타깃 라인을 설정하고, 클로즈드스탠스를 취한다. 즉 왼발을 평소보다 앞으로 내딛으면 인사이드 아웃의 스윙 궤도가 형성되어 볼은 시계 반대 방향으로 회전을 먹어 왼쪽으로 휜다. 그렇게 되면 볼은 장애물인 나무를 지나서 그린 위로 휘어 떨어지게 될 것이다. 혹시 볼이 휘지 않을 것을 염려하여 훅볼을 시도하지 않는다면 싱글의 길은 포기하라. 시도하지 않으면 얻는 것도 없다! 페이드볼이나 드로 볼은 저절로 터득되는 것이 아님을 명심하자!

[훅볼이 정답이다]

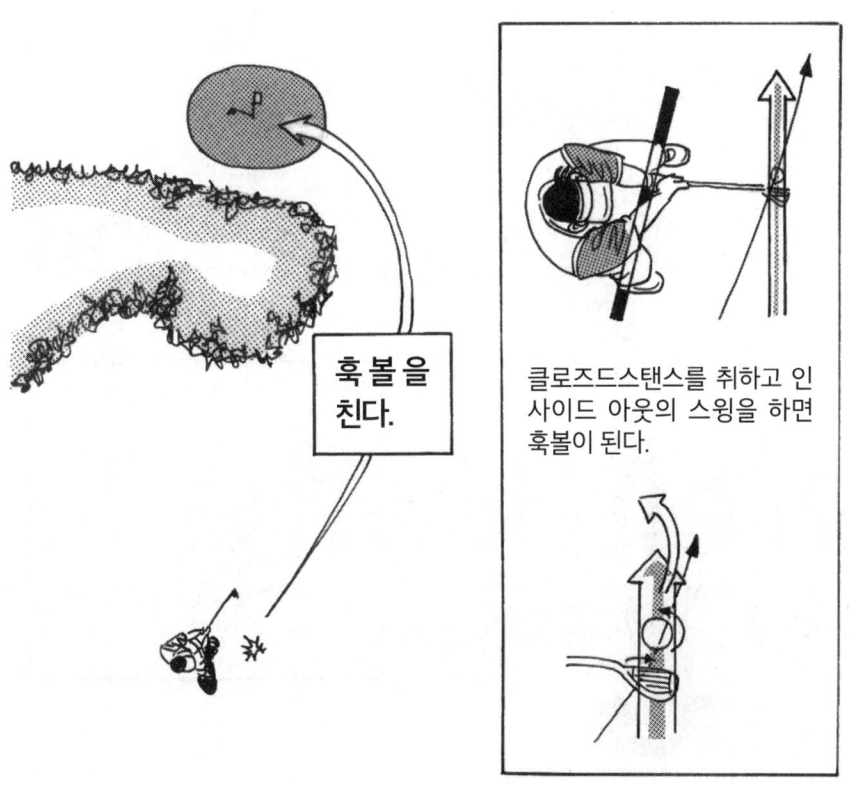

훅 볼 을 친다.

클로즈드스탠스를 취하고 인사이드 아웃의 스윙을 하면 훅볼이 된다.

나무를 감싸 도는 슬라이스볼을 치자

이전과 똑같은 상황인데 다만 다른 것이 있다면 이번에는 오른쪽에 숲이 있어서 왼쪽에서 오른쪽으로 휘는 슬라이스볼이 필요한 경우다.
어떻게 해야 슬라이스볼을 칠 수 있을까?

[슬라이스볼을 치자]

이전에 나왔던 훅볼과 정반대의 방법으로 치면 된다. 오른발을 앞으로 내딛어 오픈스탠스로 선다. 그러면 아웃사이드 인의 스윙 궤도가 되어 볼은 시계 방향으로 회전하게 된다. 이렇게 되면 볼은 처음에는 나무의 왼쪽을 향해 날아가는 듯하다가 오른쪽으로 휘는 슬라이스볼이 되어 나무 뒤 그린에 안착하게 된다.

[슬라이스볼을 치는 스윙]

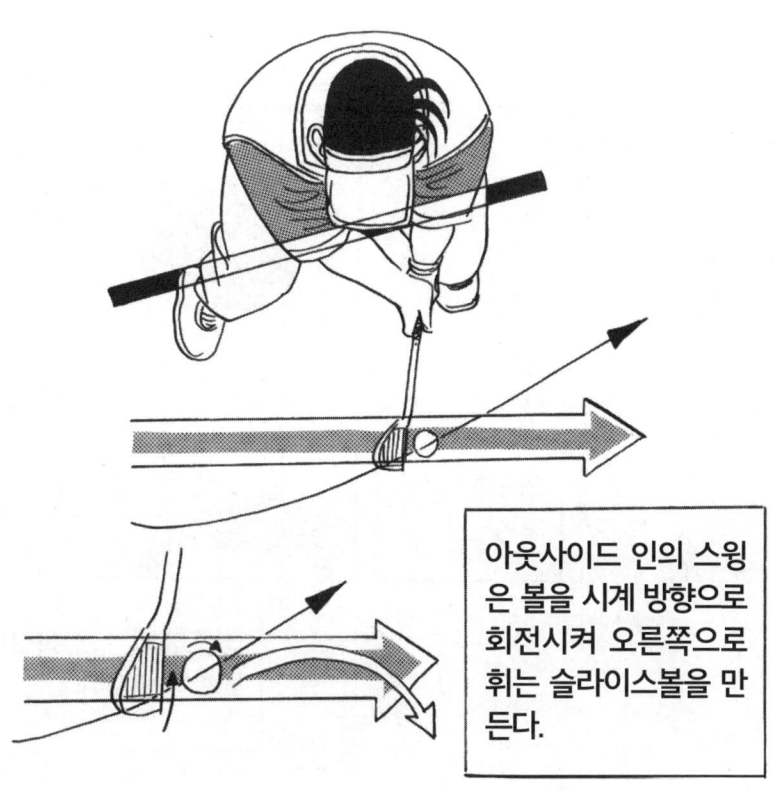

아웃사이드 인의 스윙은 볼을 시계 방향으로 회전시켜 오른쪽으로 휘는 슬라이스볼을 만든다.

러프에서는 탈출만을 목표로 한다

러프에 빠진 볼은 탈출에만 신경 써야 한다. 그런데 언뜻 보기에 그린에 보낼 것 같은 욕심이 생겨서 4번 우드 샷을 하는 경우가 있다. 물론 결과는 얼마 가지도 못하고 훅이 되어 더욱 러프에 빠지는 악순환만 되풀이될 뿐이다.

[러프에서의 욕심은 금물]

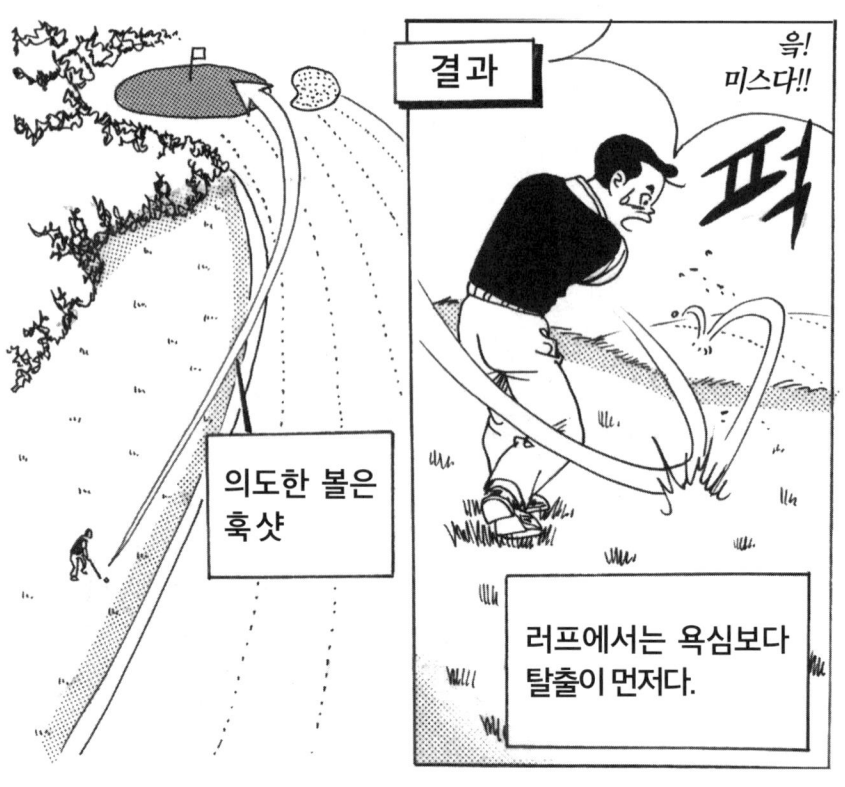

불가능한 것은 시도하지 않는 것이 오히려 좋은 경우가 이런 때다. 이때는 먼저 5번 아이언으로 페어웨이 중앙으로 탈출한다. 그리고 나서 6번 아이언으로 칩샷을 해서 그린에 올리는 것이 좋은 방법이다.

[러프에서는 탈출이 우선]

10장
퍼팅의 핵심

퍼팅 그린은 평평하지 않다

퍼팅을 하는 그린은 평평하지 않다. 오르막이나 내리막 등의 라이가 존재하며, 잔디도 순모와 역모 등 다양하다. 이렇게 변화가 많지만 퍼팅에는 황금률 같은 한 가지 원칙이 있다. 바로 모든 퍼팅은 직선으로 해야 한다는 것이다. 볼에 스핀을 걸어 휘게 하는 프로도 있지만, 주말골퍼들은 확고한 직선 퍼팅을 익혀 두는 것이 좋다. 그 이후에 나오는 비탈진 라이에서의 퍼팅도 쉽게 익힐 수 있기 때문이다.

[퍼팅은 직선으로!]

가상 목표

가상 목표 이후에 볼이 휘더라도 가상 목표까지는 직선으로 퍼팅한다.

왼쪽눈과 볼이 수직이 되도록 볼과 가까이 서라

눈과 볼이 수직이 된 상황에서 퍼팅했는데도 볼이 원하는 곳으로 가지 않은 이유는, 볼과 몸이 지나치게 떨어져 있어 조준을 위해 몸을 깊이 숙이기 때문이다. 그렇게 되면 백스윙 시에 클럽 페이스가 열려 조준을 그르치게 된다. 또한 몸을 지나치게 숙이면 스트로크할 때 머리가 들려서 볼을 빗맞힐 수도 있다. 이를 방지하려면 볼에 바짝 다가서서 왼쪽눈과 볼이 수직선이 된 상태에서 어드레스한다. 퍼팅하는 동안 클럽 페이스가 목표와 직각을 유지하기가 쉬워 실수도 줄어든다.

[볼은 왼눈 아래에!]

볼에 바짝 다가서서 왼쪽눈과 볼이 수직선이 된 상태에서 어드레스한다.

스윙 아크의 최저점 직후에 볼이 닿아야

퍼팅 시에 손이 볼보다 전방으로 나가는 것은 결코 나쁜 것이 아니다. 그러나 주말골퍼들이 이런 핸드 퍼스트 자세로 스트로크할 경우 예기치 않은 미스 샷이 발생한다. 핸드 퍼스트 자세에서의 퍼팅은, 왼발에 체중이 실리게 되면 아이언 샷에서 다운 블로 스윙을 하듯이 볼을 위에서 아래로 쳐 내리게 된다. 결국 퍼터가 그린 바닥에 부딪혀 팔로 스루를 하기 어렵다. 그러면 어떻게 해야 이런 실수를 방지할 수 있을까?

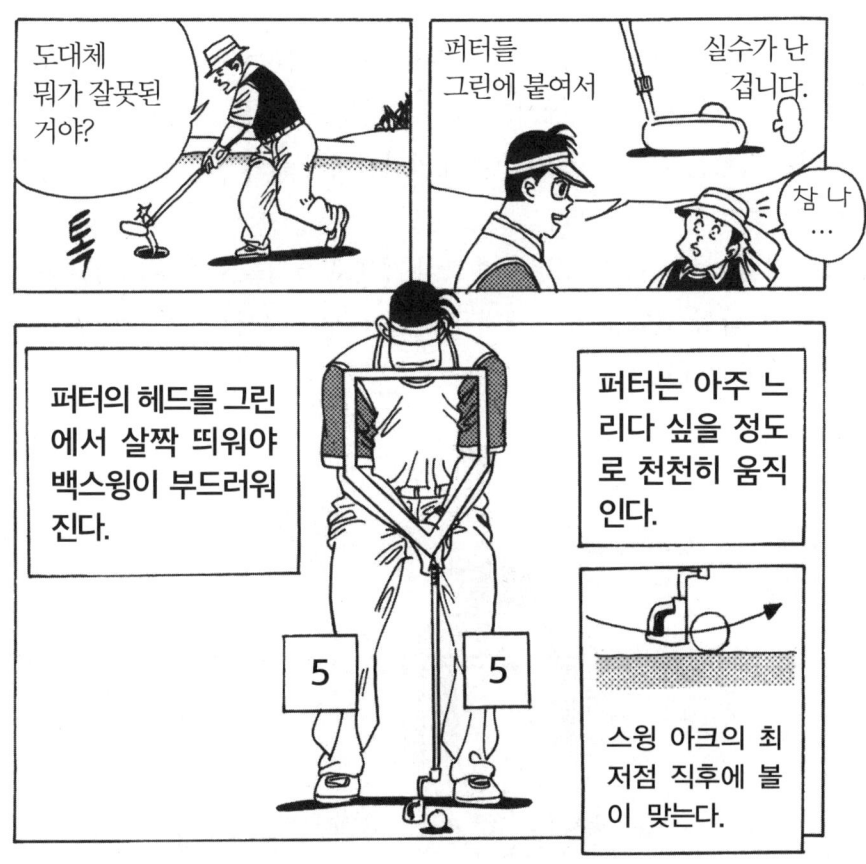

우선 체중을 양발에 골고루 배분한다. 그런 상태에서 가장 편안한 자세로 퍼터를 잡고 볼에 퍼터 헤드를 댄다. 퍼터 헤드는 스윙하는 내내 지면과 아주 가까워야 한다. 그러기 위해서는 퍼터를 낮게 위치시키고, 아주 느리다 싶을 정도로 천천히 움직여야 한다. 골프는 어떤 스윙이든 급하게 하면 바로 실수가 난다. 이 법칙은 퍼팅에서 더욱 잘 적용된다.

양팔은 오각형을 유지해야

어깨의 힘을 뺀 상태에서 머리는 자연스럽게 볼을 쳐다본다. 양팔은 곧게 펴지 말고 힘을 뺀 상태에서 약간 구부러지도록 한다. 양어깨와 팔꿈치 손이 오각형을 이루도록 한다. 이때 양팔꿈치가 몸에 붙어 있어야 퍼터를 컨트롤하기 쉽다.

퍼팅 시 오각형 구도가 무너지면 볼이 제대로 홀컵을 향해 굴러가질 않는다. 이 오각형 구도가 퍼팅 내내 유지되어 마치 시계추처럼 왔다갔다 해야 퍼팅이 제대로 이루어진다.

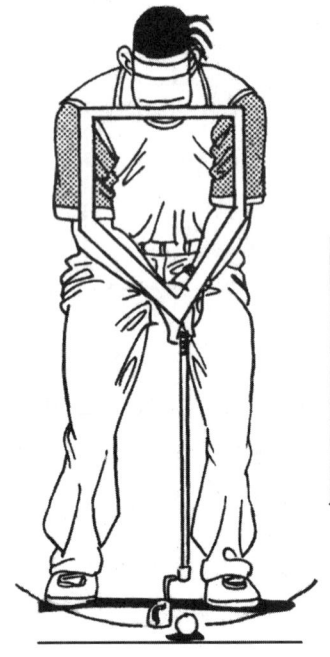

퍼팅 내내 오각형 구도를 그대로 유지해야 한다.

하체를 고정하자

퍼팅 시 오각형 구도를 유지했는데도 볼의 방향성에 문제가 있다면 원인은 단 한 가지, 바로 하체가 움직인다는 뜻이다. 퍼팅은 어깨와 팔을 시계추처럼 움직이는 것이 핵심이다. 그런데 하체가 퍼터를 따라 움직인다면 퍼터 헤드가 흔들려 볼이 원하지 않는 곳으로 가게 된다.

하체를 고정하려면 먼저 퍼팅 시에 목표와 평행이 되게 양발의 스탠스를 잡는다. 이때 무릎을 구부릴 때 무릎 안쪽으로 굽히듯이 긴장을 주어 약간 조여지게 한다. 이렇게 하면 스윙 중에 하체가 흔들리지 않는다.

짧은 것보다는 긴 것이 낫다

프로들은 아무리 어렵더라도 짧은 퍼팅을 하지 않는다. 홀컵을 지나쳐 가는 한이 있어도 길게 퍼팅한다. 그런데 주말골퍼들은 이 생각 저 생각을 하느라 홀에 못 미치는 퍼팅을 한다. 과연 프로와 아마추어의 차이는 어디서 오는 걸까?
프로들은 직업인 골프 게임에서 이겨야만 한다. 역전의 기회가 오면 잡아채야 한다. 상대보다 1타 뒤진 상황에서 1타 만회할 수 있는 마지막 퍼팅의 순간이 오는 경우가 있다.

이때 볼이 홀컵에 미치지 않을 정도로 퍼팅하면, 볼은 결코 홀컵에 들어갈 수 없고, 게임은 그것으로 끝난다. 1타를 만회하여 역전하려면 볼을 반드시 홀컵에 들어갈 수 있도록 스트로크해야 한다. 그러기 위해서는 볼이 홀컵을 지나갈 정도로 퍼팅해야 한다. 짧게 치는 것은 스스로 기회를 포기하는 것이다. 한 번 짧게 치는 습관이 들면 결코 헤어나지 못한다. 실패하더라도 홀컵을 살짝 지나쳐 나갈 정도로 스트로크해야 한다. 실패를 두려워하면 결코 실력이 늘지 않는다.

목표 방향 50cm 이내로 가상 목표를

분명히 오각형의 퍼팅 자세를 취한 뒤에 하체를 고정하고 퍼팅을 했다. 그런데 볼은 홀컵이 아닌 엉뚱한 곳을 향하고 만다. 왜 그럴까?

이유는 단 하나, 퍼터 헤드가 목표와 직각을 이루지 못했기 때문이다. 그 이유는, 바로 퍼팅하기 전에 분명히 타깃 라인을 파악했지만, 퍼팅 자세에 들어가 몸을 굽힐 때 그 라인을 잊어버렸기 때문이다.

그렇다면 어떻게 해야 타깃 라인을 잊지 않을까? 퍼팅 전에 홀컵을 보면서 타깃 라인을 파악하는데, 이때 볼에서 50cm 이내의 타깃 라인상에 표식이 될 만한 것으로 가상 목표를 설정한다. 그 가상 목표 위로 볼을 치면 볼은 원하는 곳을 향한다.

홀에서 50m 이내의 타깃 라인상에 표식이 될 만한 가상 목표를 설정한다.

퍼터의 중심으로 볼의 중심을 쳐야

퍼팅에 특정한 타법이 있는 것은 아니지만, 프로들의 타법에는 한 가지 공통점이 있다. 바로 퍼터의 중심으로 볼의 중심을 친다는 것이다. 이렇게 치면 자신이 예상한 방향과 거리감을 얻을 수 있다.

주말골퍼들은 퍼팅할 때마다 퍼터와 볼이 맞는 부분이 매번 달라진다. 이것은 바로 퍼터의 중심과 볼을 중심을 맞추지 못해서 생기는 현상이다. 물론 볼의 방향성과 거리도 엉망이 된다.

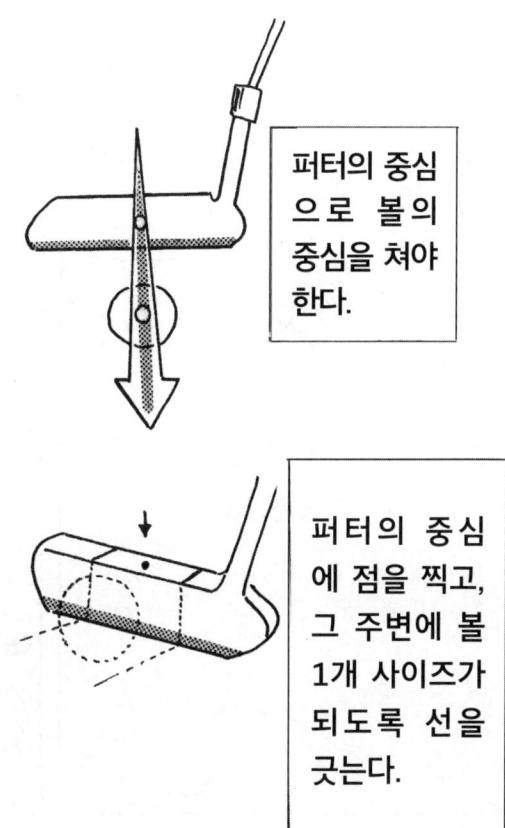

퍼터의 중심으로 볼의 중심을 쳐야 한다.

퍼터의 중심에 점을 찍고, 그 주변에 볼 1개 사이즈가 되도록 선을 긋는다.

퍼터의 중심으로 볼의 중심을 치려면 자신이 갖고 있는 퍼터의 중심을 알아야 한다. 그곳에 점을 찍어 놓고 그 주변에 볼 1개 사이즈가 되도록 선을 그어 놓는다. 그렇게 하면 퍼터의 중심으로 볼의 중심을 치는 데 많은 도움이 된다. 또한 주말골퍼들은 연습 그린에서 연습할 때, 볼을 컵에 넣는 연습보다도 볼의 중심을 맞히는 데 신경 써야 한다. 그래서 볼의 중심과 퍼터의 중심을 맞히는 것을 확실히 해 두면 퍼팅 실력이 비약적으로 발전하게 될 것이다.

퍼터 페이스는 항상 목표와 직각을 이루어야

퍼터 페이스가 항상 목표와 직각을 이루어야만 좋은 퍼팅이 나온다. 그런데 라운드 초반에는 직각을 이루다가도 후반에 이를수록 오픈되는 주말 골퍼들이 종종 있다. 왜 퍼터 페이스 각도가 일관성 있게 유지되지 않을까? 단순히 몸이 피곤하다는 이유에서일까?

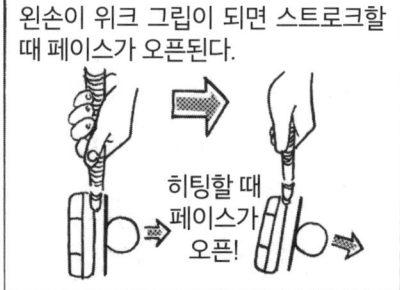
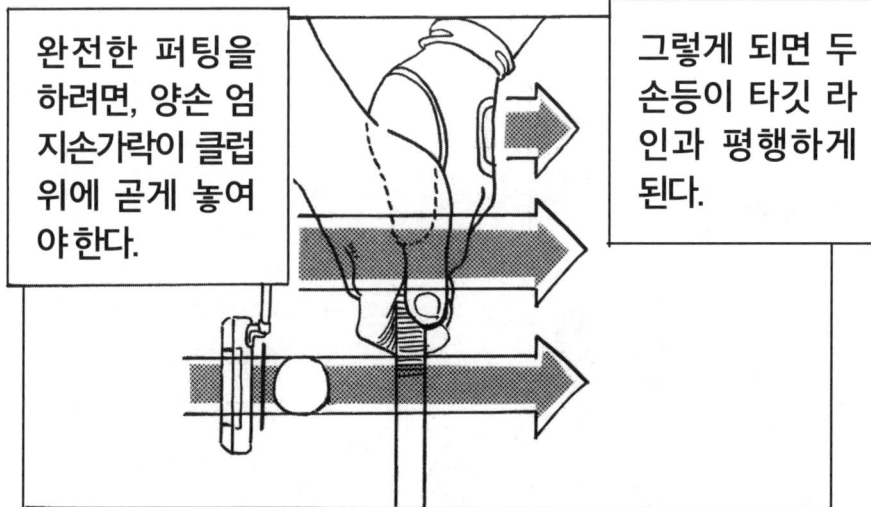

페이스가 오픈되는 것은 단순히 피곤해서가 아니라 기본을 잊었기 때문이다. 무의식중에 위크 그립을 하게 되어 자신도 모르는 사이에 퍼터 페이스가 오픈된 것이다.

그립은 항상 스퀘어 그립을 유지해야 한다. 그래야만 퍼터 페이스가 항상 목표와 직각을 이룰 수 있다. 퍼팅 그립에 있어서 양손 엄지손가락은 클럽 위에 스트레이트로 나란히 놓여 있어야 한다.

퍼팅 전에는 클럽 페이스를 닦아 줘야

필드에 나갔을 때 항상 맑은 날씨만 있는 것은 아니다. 흐린 날도 있고 비가 오거나 바람이 부는 날도 있다. 잔디 상태도 마찬가지다. 비가 많이 내리거나 잔디를 손질한 날이 있다. 그런데 이런 날 평소 하던 대로 퍼팅을 하는 주말골퍼들이 많다. 물론 결과는 홀컵에 훨씬 못 미치는 볼이 나오고……. 도대체 왜 그럴까?

원인은 클럽 페이스에 있다. 바로 클럽 페이스에 젖은 풀이나 모래 등이 붙어 있던 것이다. 그래서 퍼팅 감각도 떨어지고 방향성과 거리도 맞지 않게 된 것이다.

퍼팅하기 전에 클럽 페이스를 손으로 닦아 준다.

이런 실수를 고칠 수 있는 방법은 퍼팅하기 전에 클럽 페이스를 손으로 스윽 닦아 주는 것이다. 별로 힘들이지 않고 평소의 퍼팅 감각을 유지할 수 있는 비법이다. 그린에 올라갔을 때 꼭 퍼터 페이스를 닦아 주는 습관을 가진다면 적어도 타수 하나를 줄이게 될 것이다.

1미터 내외의 숏퍼팅은 귀로 들어라

1미터 내외의 숏퍼팅을 놓쳤을 때의 황당함과 분노를 대부분의 주말골퍼들이 겪고 있을 것이다. 도대체 왜 그처럼 짧은 퍼팅을 놓치는 것일까?
이유는 단 하나, 볼과 홀컵의 거리가 짧기 때문이다. 퍼팅하기 위해 자세를 잡으면 볼과 홀컵이 동시에 눈에 들어온다. 그래서 홀컵에 마음을 뺏겨 볼을 제대로 스트로크하지 못해 방향성에 문제가 생긴다.
이처럼 짧은 퍼팅 시에는 홀을 보지 않는 게 상책이다. 오로지 볼에만 정신을 집중해서 퍼터 페이스를 목표와 직각이 되도록 해야 한다. 그렇게 스트로크를 하고 나서 볼이 들어가는 소리는 귀로 들어야 한다. 즉 눈으로 볼을 확인하지 말고 인내해야 한다.

1미터 내외의 쇼트 퍼팅 시에는 볼에만 집중한다.

숏퍼팅에 문제가 있을 땐 그립을 점검한다

1미터 내외의 숏퍼팅을 할 때, 볼에 집중하면서 고개를 들지 않았는데도 방향이 틀어지는 주말골퍼들이 많다. 왜 그럴까?
퍼팅에서 볼의 방향이 틀어진다는 것은 스트로크 시 퍼터 페이스가 목표와 직각을 유지하지 못했음을 의미한다. 하체를 고정한 채 퍼팅하는 주말골퍼라면 이럴 경우 원인은 그립에 있다. 즉 그립이 너무 약해 스트로크

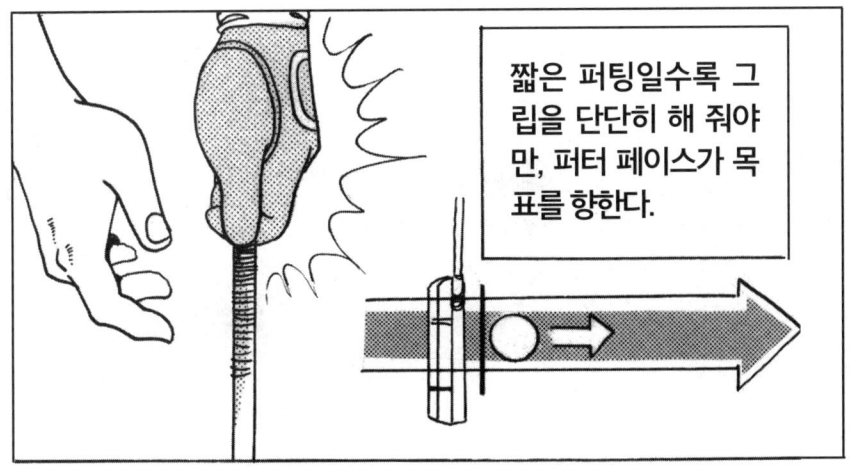

시 퍼터 페이스가 흔들리는 것이다. 그럼 어떻게 해야 할까?

간단하다. 그립을 단단히 하는 것이다. 그러면 퍼터 페이스가 홀컵에 대해 직각을 유지할 수 있다.

자꾸 훅이 나오는 원인

나름대로 열심히 퍼팅 연습을 했는데도 퍼팅한 볼이 훅이 나는 경우가 있다. 왜 그럴까?
원인은 단 하나, 스트로크 시 퍼터 페이스가 목표와 직각을 이루지 못했기 때문이다. 특히 훅볼이 나오는 경우는 스트로크 시 퍼터 페이스가 닫혀지기 때문에 볼에 훅 회전이 걸려서 생긴 결과다.
어떻게 해야 볼을 똑바로 보낼 수 있을까?

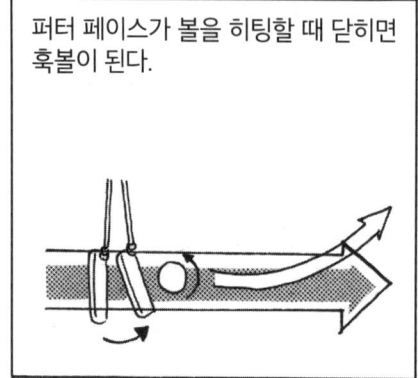

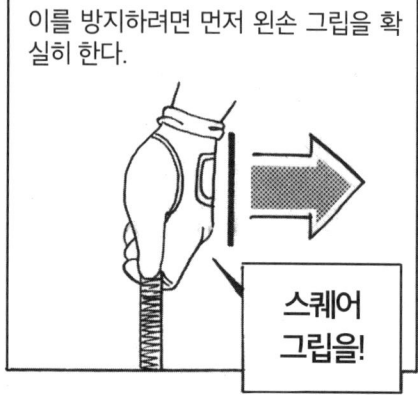

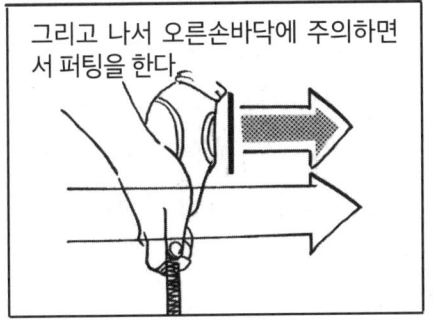
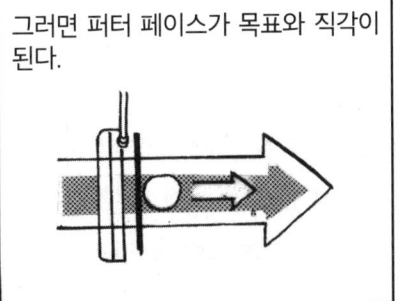

이럴 경우, 볼을 홀컵을 향해 똑바로 보내는 방법이 있다. 퍼팅 시 백스윙에서 팔로 스루에 이르기까지 자신의 오른손 손바닥에 주의를 집중하는 것이다. 그렇게 오른손 바닥에 주의를 집중한 채 손을 홀컵 쪽으로 똑바로 움직이는 것이다. 그러면 퍼터 페이스가 홀컵과 직각을 이룬 채 스트로크가 된다.

숏 퍼팅과 롱 퍼팅의 핵심

숏퍼팅은 당연히 백스윙과 팔로 스윙이 짧다. 그 대신 결단성 있고 확실하게 목표를 향해 퍼팅하는 것이 핵심이다. 반면에 롱 퍼팅은 숏퍼팅과는 다르다. 볼과의 거리가 꽤 되기 때문에 당연히 백스윙과 팔로 스루가 커진다. 또한 방향성에 대한 감을 제대로 잡으려면 숏 퍼팅 때보다는 몸을 세워서 스트로크해야 한다.

스윙 중 머리 고정하는 것은 숏 퍼팅이나 롱 퍼팅 모두 같다.

몸을 세워 시야를 넓힌다.

백스윙을 크게 하며 팔로 스루도 백스윙 만큼 해 준다.

숏 퍼팅과 롱 퍼팅에서의 그립

숏 퍼팅은 볼 바로 위에서 해야 한다. 그러므로 그립은 퍼터를 짧게 잡아야 한다. 반대로 롱 퍼팅은 백스윙과 팔로 스윙을 크게 해야 하므로 퍼터의 끝을 잡는다.

[숏 퍼팅의 그립]

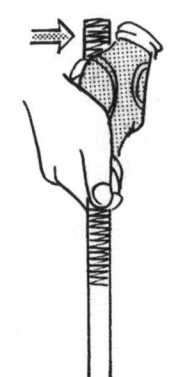

몸을 숙이는 만큼 퍼터를 짧게 잡는다.

[롱 퍼팅의 그립]

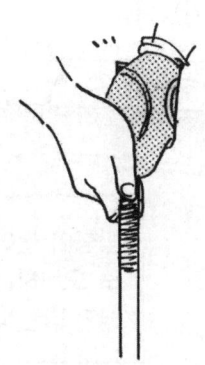

몸을 세우는 만큼 퍼터의 끝을 잡는다.

롱 퍼팅에서의 볼의 거리

5미터 이상의 롱 퍼팅을 한 뒤, 홀컵 근처에 볼이 놓인 것을 보고 기뻐하는 주말골퍼들이 많다. 그런데 볼이 홀컵에 미치지 못한 것은 결코 기뻐할 일이 아니다.
왜 그럴까? 이유는 크게 2가지다.
첫째, 자신의 스트로크에 대해 확신이 없는 것이다. 즉 자신을 믿지 못하는 것이다.
둘째, 볼이 홀컵에 들어갈 수 있는 기회마저도 없다. 볼이 짧으니까!
롱 퍼팅을 할 때는 홀컵을 지나칠 정도로 스트로크해야 한다. 그래야 볼이 홀컵으로 들어갈 수 있는 기회를 얻을 수 있다.

10미터 이상의 롱 퍼팅에서의 팔로 스루

5미터 이내의 퍼팅은 잘하면서도 10미터 이상의 퍼팅은 어려워하는 주말 골퍼들이 많다. 어떻게 해야 10미터 이상의 롱 퍼팅도 잘할 수 있을까? 거리가 긴 만큼 백스윙과 팔로 스윙이 커져야 하지만 그렇지 못하는 것이 원인이다. 10미터 이상의 퍼팅을 할 때는 백스윙을 길고 부드럽게 해야 한다. 마찬가지로 스트로크 이후 팔로 스루 역시 홀 쪽을 향해 쭈욱 뻗어 나가게 해야 볼이 홀컵까지 굴러갈 수 있다.

[롱 퍼팅에서의 팔로 스루]

백스윙을 크게 하고, 백스윙 크기만큼 팔로 스루를 한다.

롱 퍼팅에서의 거리 측정

롱 퍼팅을 할 때는 퍼팅 전에 볼과 홀컵의 거리를 가늠하면서 거리감을 익혀야 한다. 그리고 나서 두세 번 정도의 연습 퍼팅을 한 뒤 퍼팅하는 것이 좋다.

퍼팅할 때 중요한 것은 몸을 세워서 자세를 잡는 것이다. 몸을 세우면 컵까지의 거리를 정확히 파악할 수 있게 된다. 따라서 스윙이 부드러워지고 거리감을 파악하기가 쉽다.

롱 퍼팅 시에는 몸을 세워 시야를 넓게 만들어야!

경사가 작을 땐 홀컵의 왼쪽과 오른쪽 끝을 겨냥하라

2미터 내외의 퍼팅에서 나름대로 경사를 감안하여 최선을 다했는데도 볼이 홀컵 근처에도 안 가는 경우가 종종 있다. 즉 볼이 경사를 따라 그냥 굴러가 버린 것이다. 왜 그럴까?

그린 위에서 경사가 아주 심하지 않다면, 2미터 내외의 퍼팅은 홀컵을 향해 해야 한다. 경사가 신경쓰인다면 홀컵 가장자리를 목표로 하면 된다. 그러면 볼은 홀컵으로 들어간다.

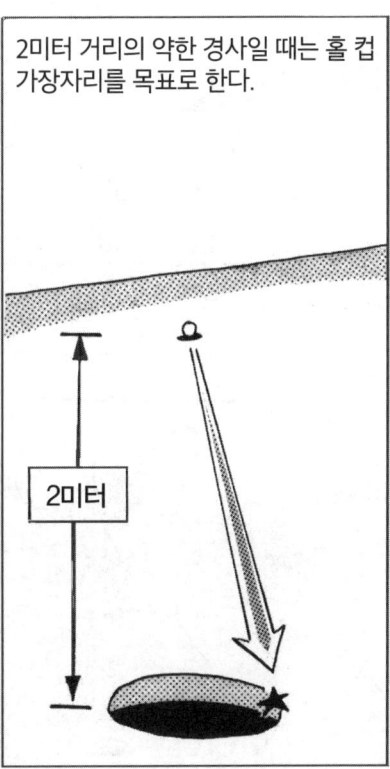

바람이 불 때는 스탠스를 넓혀라

바람이 부는데도 평소와 똑같이 퍼팅을 하게 되면, 하체가 흔들려 볼이 엉뚱한 방향으로 굴러가 버린다. 퍼팅을 할 때 가장 중요한 것은 퍼터 페이스가 목표와 직각을 이루는 것이다. 그렇게 하기 위해서는 하체가 안정되어야 한다. 그렇다면 어떻게 해야 바람이 심하게 불 때도 하체를 안정시킬 수 있을까?

강풍에도 흔들리지 않는 퍼팅을 하기 위해서는 스탠스를 넓혀야 한다. 평소의 2배 정도로 폭을 넓혀 서는 것이다. 만일 이렇게 폭을 넓히는 게 어렵다면, 반대로 양발 끝을 안짱다리처럼 하여 양무릎을 붙여 준다. 이것 역시 하체를 안정시켜 주므로 퍼터 페이스가 목표와 직각을 유지하는 데 좋다.

내리막 경사면에서의 롱 퍼팅

주말골퍼들에게 있어서 오르막이나 내리막 경사면에서의 롱 퍼팅은 거리 맞추는 것이 정말로 어렵다. 그러나 이렇게 어려운 경사진 롱 퍼팅도 기본 요령이 있다.

10미터 내리막 퍼팅의 경우, 먼저 내리막 경사에 따라 볼이 어느 정도 굴러갈지를 생각한다. 비록 거리는 10미터지만 경사면에 의해 7미터만 쳐도 컵에 들어갈 경우에는 7미터 거리에 가상 컵을 설정한다. 그리고 그 가상 컵을 향해 친다.

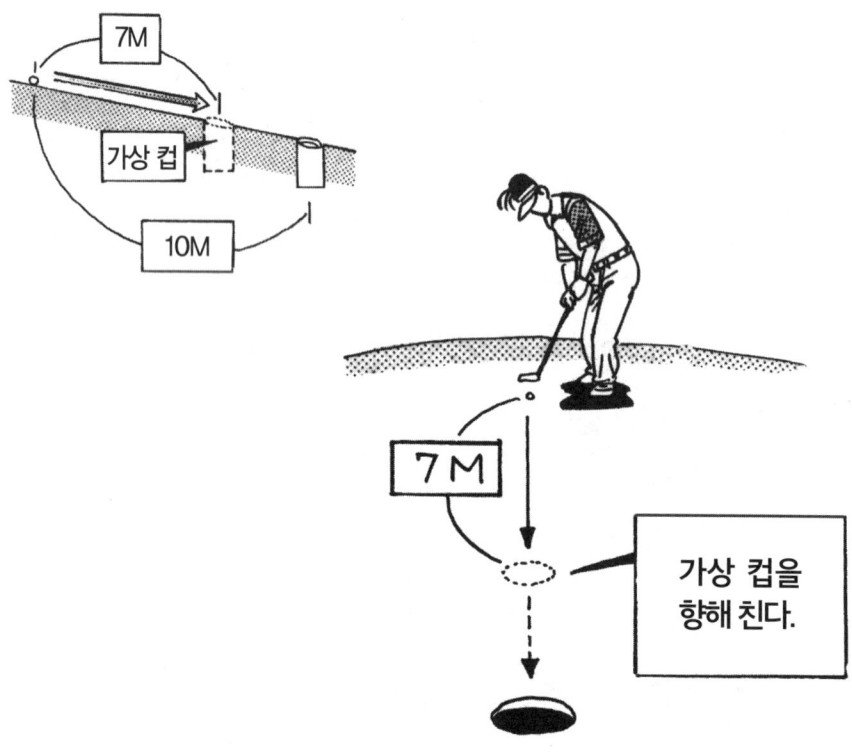

오르막 경사면에서의 퍼팅

오르막 퍼팅은 내리막 퍼팅과는 반대다.
예를 들어 5미터 오르막인 경우, 경사면에 의해 6미터를 쳐야 5미터 홀컵에 들어갈 수 있다면, 6미터 지점에 가상 컵을 설정한다. 그리고 나서 그 가상 컵을 향해 친다.

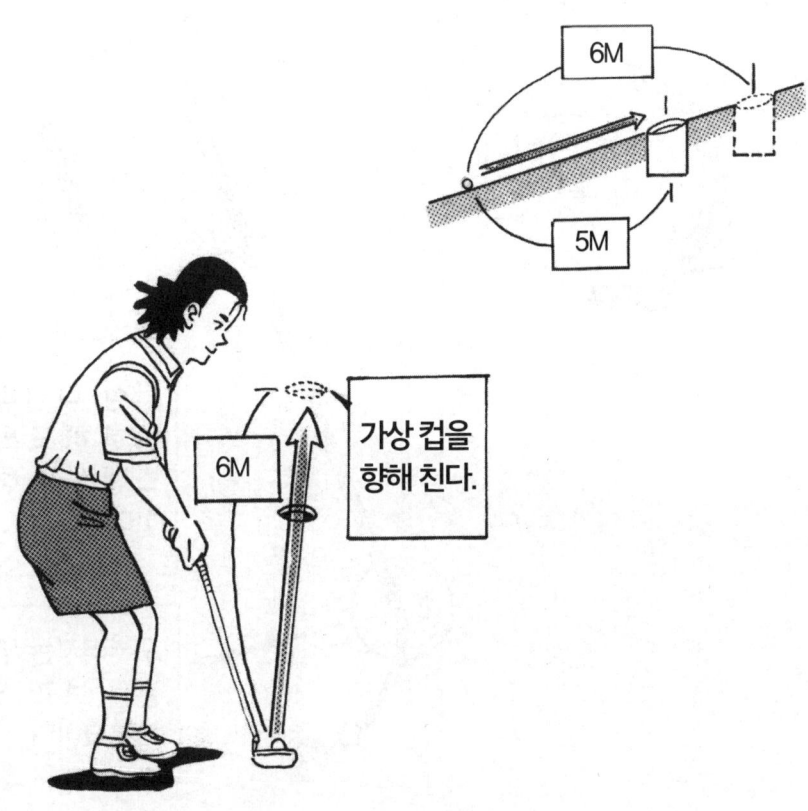

가장 어려운 내리막 훅 라인

내리막 훅 라인은 프로들도 고개를 흔들 정도로 어려운 퍼팅이다. 이때도 역시 훅 라인을 따라 볼이 지나갈 가상 라인을 머릿속에 설정해 두는 것이 중요하다.

라인을 설정한 뒤, 그 라인을 따라 평행하게 스탠스를 잡는다. 그런 상태에서 홀컵을 보지 말고, 자신이 설정한 가상 라인이 구부러지기 시작하는 부분을 본다. 그리고 그 부분을 향해서 스트로크한다.

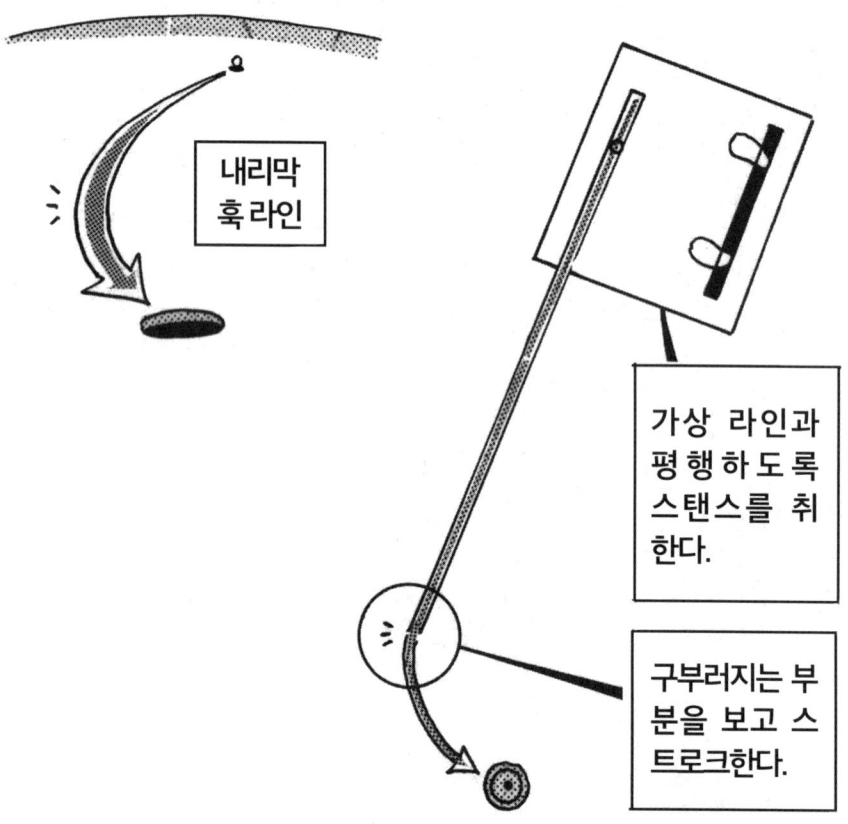

10미터가 넘는 훅 라인

10미터가 넘는 훅 라인을 접하게 되면 매우 난감하다. 그러나 이 경우에도 퍼팅할 수 있는 요령이 있다. 훅 라인에서는 자신이 본 라인보다 부풀려서 볼을 치는 것이다. 예를 들어, 10미터가 넘는 훅 라인이므로 30cm 정도 오른쪽으로 쳐야겠다고 판단했다면, 약간 더 부풀려 오른쪽으로 40cm 정도 되는 라인에 맞추는 것이다.

잔디 방향과 퍼팅

잔디의 방향 역시 퍼팅에 영향을 준다. 잔디가 순방향일 때는 볼이 점차 빨라지고, 반대로 역방향일 때는 속도가 훨씬 빨리 죽는다. 그렇다면 어떻게 해야 잔디가 순방향인지 역방향인지 알 수 있을까?
잔디의 방향을 파악하는 방법은 2가지다.

첫째, 잔디의 색이 짙어 보이면 역방향이고, 옅어 보이면 순방향이다.
둘째, 그린의 스파이크 자국이 뚜렷이 보이면 역방향이고, 흐리게 보이면 순방향이다.
첫 번째보다는 두 번째 방법이 훨씬 알아보기 쉽다.

그린 밖에서의 퍼팅

그린 밖에서 퍼팅할 경우에는 잔디의 저항이 어느 정도인지 예측하기 어렵다. 이때는 평소보다 톱 스핀이 걸린 볼을 쳐야만 볼이 잘 굴러가 쇼트가 방지된다.

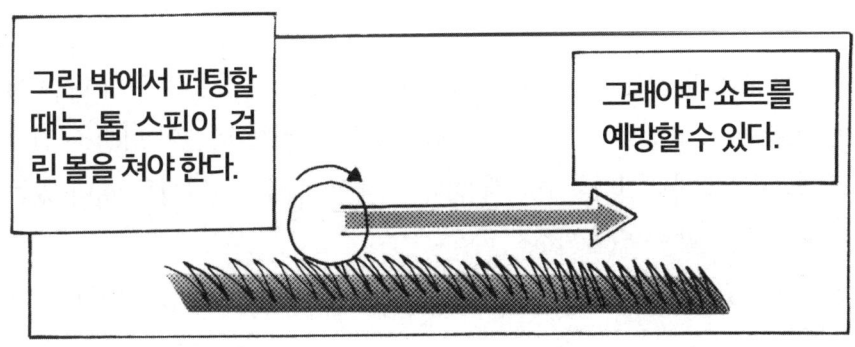

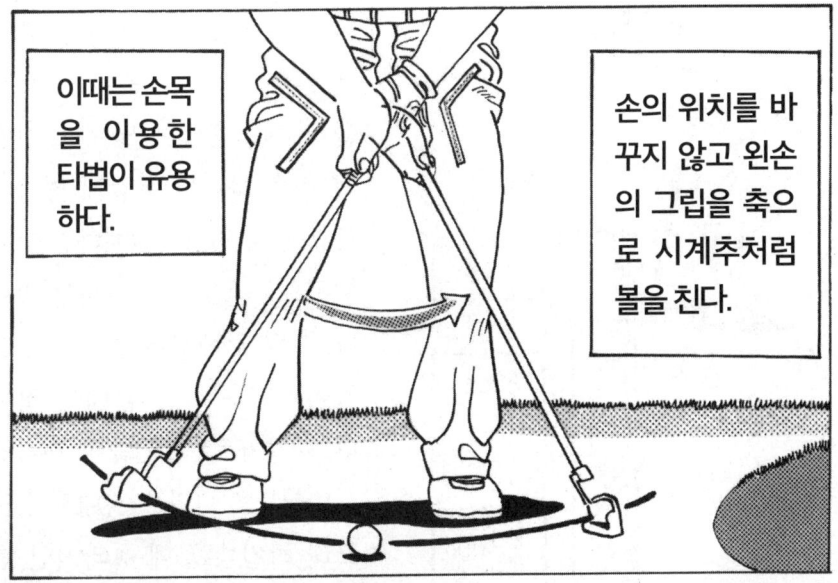

톱 스핀이 걸린 볼을 치기 위해서는 손목을 이용한 타법을 사용한다. 왼손의 그립을 축으로 삼아 시계추가 흔들리듯이 볼을 치는 것이다. 이때 손의 위치를 바꾸지 않고 손목만으로 볼을 치는 것이 핵심이다.

효과적인 퍼팅 연습

똑같은 위치의 볼을 같은 스윙으로 계속해서 하는 연습은 누구나 하는 기본 연습이다. 그런데 어느 정도 실력이 늘면 이러한 연습이 다소 지겹다고 느껴지게 마련이다. 이럴 때 어떻게 해야 효과적이면서도 재미 있는 퍼팅 연습을 할 수 있을까?

홀컵 30cm 되는 곳에 볼을 하나 두고 이후 그와 같은 선상에 6cm 간격으로 볼을 4개 둔다. 그리고 나서 처음 30cm 되는 볼을 홀컵에 넣은 뒤, 그 다음에 있는 볼을 차례로 홀컵에 넣는다. 이렇게 볼을 하나씩 홀컵에 넣다가 중간에 하나라도 실패하면 다시 처음으로 돌아가 연습하는 것이다. 그렇게 해서 5개의 볼이 다 들어가면 연습을 끝내는 것이다. 이렇게 하면 연습이 재미있으면서도 하나라도 실패하지 않으려 하기 때문에 효과적인 연습이 된다.

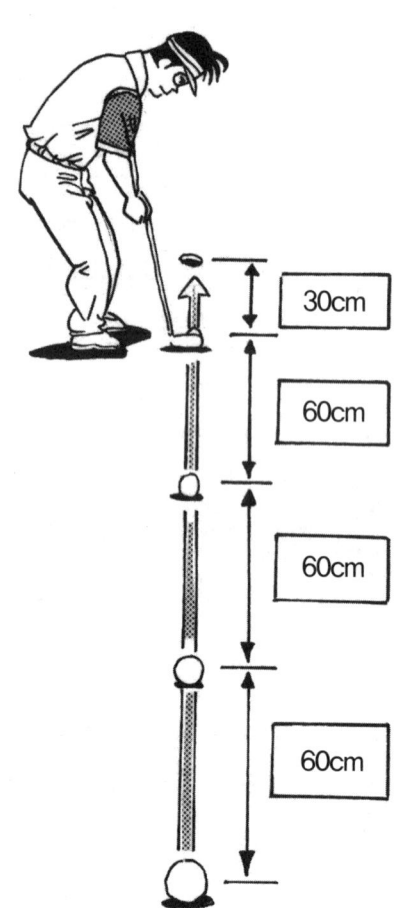

하나라도 실패하면 처음부터 다시 시작한다.